FYLLNING: SMÖRGÅS KOCK

100 läckra lager av sötma

Åke Persson

Copyright Material ©2024

Alla rättigheter förbehållna

Ingen del av denna bok får användas eller överföras i någon form eller på något sätt utan korrekt skriftligt medgivande från utgivaren och upphovsrättsinnehavaren, förutom korta citat som används i en recension. Den här boken bör inte betraktas som en ersättning för medicinsk, juridisk eller annan professionell rådgivning.

INNEHÅLLSFÖRTECKNING

INNEHÅLLSFÖRTECKNING **3**
INTRODUKTION **6**
CHOKLAD PARAR **7**
   1. CHOKLADKAKA & VANILJSMÖRGÅS 8
   2. CHOC-CHIP GLASS SMÖRGÅSAR 10
   3. CHOKLADKAKA MED MINTSMÖRGÅSAR 12
   4. CHOKLAD SOJAGLASS 14
   5. DUBBLA CHOKLADSMÖRGÅSAR 16
   6. CHOKLAD COCONUT ICE CREAM SMÖRGÅS 18
   7. FUDGE SWIRL SANDWICH 20
   8. TRIPLE CHOKLAD BROWNIE SMÖRGÅS 22
   9. SMÖRGÅS MED MINTCHOKLADKAKA 24
   10. JORDNÖTSSMÖR CHOKLAD SWIRL SANDWICH 26
   11. HASSELNÖTSCHOKLADVÅFFELSMÖRGÅS 28
   12. MEXIKANSK CHOKLAD CHILI SANDWICH 30
   13. SALTED CARAMEL CHOKLAD PRETZEL SANDWICH 32
   14. HALLON MÖRK CHOKLAD MACARON SANDWICH 34
   15. KOKOS CHOKLAD MANDEL JOY SANDWICH 36
   16. OREO CHOKLADKAKOR OCH GRÄDDSMÖRGÅS 38
   17. HERSHEYS GLASSSMÖRGÅS 40
   18. TOBLERONE GLASS SMÖRGÅS 42
   19. CADBURY ICE CREAM SANDWICH 44
   20. GODIVA GLASSSMÖRGÅS 46
   21. FERRERO ROCHER GLASSMÖRGÅS 48
   22. GHIRARDELLI GLASS SMÖRGÅS 50
KOPPLING AV MÖTTER **52**
   23. MANDELSMÖRGÅSAR 53
   24. CASHEW MINT GLASS 55
   25. GINGER NUT GLASS 57
   26. SMÖRGÅSAR MED JORDNÖTSCHOKLADGLASS 59
   27. MANDELGLÄDJEGLASSMACKOR 61
   28. SMÖRGÅSAR MED PISTASCH OCH HALLONGLASS 63
   29. SMÖRGÅSAR FÖR GLASS MED VALNÖT OCH KARAMELL 65
   30. SMÖRGÅSAR MED HASSELNÖT OCH ESPRESSOGLASS 67
   31. PISTAGE CHOKLAD CHUNK GLASS SANDWICH 69
   32. HASSELNÖTSPRALINGLASSMÖRGÅS 71
   33. WALNUT MAPLE ICE CREAM SANDWICH 73
   34. CASHEW CARAMEL CRUNCH ICE CREAM SANDWICH 75
   35. MACADAMIANÖT VIT CHOKLAD GLASS SMÖRGÅS 77
   36. JORDNÖTSSMÖR MANDELGLASS SMÖRGÅS 79
   37. PECANNÖTPRALINGLASSMÖRGÅS 81
   38. PARANÖTTER CHOKLAD CHUNK GLASS SANDWICH 83
   39. BLANDAD NÖTKOLAGLASSMÖRGÅS 85
FRUKTPARAR **87**

40. BANANER TILL SMÖRGÅSAR MED CHOKLADGLASS 88
41. RABARBER MELLANVÄSTERNSMÖRGÅSAR 90
42. TART CHERRY SWIRL COCONUT GLASS 92
43. ITALIENSKA JORDGUBBSSMÖRGÅSAR 95
44. STRAWBERRY SHORTCAKE GLASS SMÖRGÅSAR 97
45. BANANA SPLIT GLASS SMÖRGÅSAR 99
46. BLÅBÄR CITRONGLASS SMÖRGÅSAR 101
47. MANGO COCONUT GLASS SMÖRGÅSAR 103
48. HALLON VIT CHOKLAD GLASS SMÖRGÅSAR 105
49. HALLON CHEESECAKE GLASS SMÖRGÅS 107
50. SMÖRGÅS MED ANANAS KOKOSGLASS 109
51. PEACH MELBA ICE CREAM SANDWICH 111
52. VATTENMELON MINT GLASS SANDWICH 113
53. KIWI LIME GLASS SMÖRGÅS 115
54. BLACKBERRY LAVENDEL GLASS SMÖRGÅS 117
55. BLANDAD BÄRYOGHURTGLASSSMÖRGÅS 119

KRYDDA PARANDE 121

56. KRYDDAD NÖTGLASS 122
57. ZUCCHINI SPICE SMÖRGÅSAR 124
58. SMÖRGÅSAR MED CHOKLADGLASS 126
59. KRYDDIG MANGO HABANERO GLASS SMÖRGÅSAR 128
60. CHIPOTLE CHOKLADGLASS SMÖRGÅSAR 130
61. JALAPENO LIME GLASS SMÖRGÅSAR 132
62. KRYDDIG KOLGLASSSMÖRGÅSAR 134
63. CHOKLAD CHIPOTLE GLASS SMÖRGÅS 136
64. KRYDDIG CINNAMON CAYENNE GLASS SANDWICH 138
65. KRYDDIG CHOKLAD CHILI GLASS SMÖRGÅS 140
66. JORDNÖTSSMÖR SRIRACHA GLASS SANDWICH 142
67. KRYDDIG KOKOSNÖTSCURRYGLASSSMÖRGÅS 144
68. KRYDDIG INGEFÄRA GURKMEJA GLASS SANDWICH 146
69. KRYDDIG ANANAS JALAPENO GLASS SANDWICH 148
70. KRYDDIG HALLONCHIPSGLASSSMÖRGÅS 150
71. KRYDDIG KÖRSBÄRSCHOKLADGLASSSMÖRGÅS 152

TE-BASERADE PARAR 154

72. CHAI NUT GLASS SMÖRGÅS 155
73. EARL GREY LAVENDER GLASS SMÖRGÅSAR 157
74. MATCHA GRÖNT TE GLASS SMÖRGÅSAR 159
75. CHAI SPICE ICE CREAM SMÖRGÅSAR 161
76. CITRON INGEFÄRA GLASS SMÖRGÅSAR 163
77. JASMIN GRÖNT TE GLASS SMÖRGÅSAR 165

KAFFEBASERADE PARAR 167

78. COFFEE ZING SMÖRGÅSAR 168
79. MOCKA MANDELGLASS SMÖRGÅSAR 170
80. CARAMEL MACCHIATO GLASS SMÖRGÅSAR 172
81. HASSELNÖT AFFOGATO GLASS SMÖRGÅSAR 174
82. ESPRESSO BROWNIE OCH KAFFEGLASSSMÖRGÅS 176

83. Kaffekaka och Mocha Mandel Fudge Glass Sandwich 178
TÅKTBASERADE PARAR 180
   84. Tårtsmet Sojaglass smörgås 181
   85. Red Velvet Cheesecake Ice Cream Smörgåsar 183
   86. Choklad jordnötssmör Cup Glass smörgåsar 185
   87. Citron Hallon Pound Cake Glass Smörgåsar 187
   88. Morotskaka Gräddost Glass Smörgåsar 189
   89. Banana Split Glass Smörgåsar 191
   90. Chokladkaka och kakor och gräddglassmörgås 193
   91. Vanilj sockerkaka och Strawberry Cheesecake Glass Smörgås 195
   92. Morotskaka och smörgås med kanelglass 197
BROWNIE-BASERADE PARNINGAR 199
   93. Saltad kola Brownie Glass Smörgåsar 200
   94. Kakor och grädde Brownie Glass Smörgåsar 202
   95. Hallon Fudge Brownie Glass Smörgåsar 204
   96. Mint Brownie och Chip Ice Cream Sandwich 206
   97. Jordnötssmör Swirl Brownie Glass Smörgås 208
   98. Raspberry Fudge Brownie och Swirl Ice Cream Sandwich 210
   99. S'mores Brownie och Marshmallow Ice Cream Sandwich 212
   100. Red Velvet Brownie och Cream Cheese Ice Cream Sandwich 214
SLUTSATS 216

INTRODUKTION

Välkommen till "FYLLNING: SMÖRGÅS KOCK - 100 läckra lager av sötma" Smörgåskakor, med sin oemotståndliga kombination av två lager kakor med en krämig fyllning, är en älskad godbit som uppskattas av människor i alla åldrar. I den här kokboken bjuder vi in dig att utforska världen av fyllda smörgåskakor med en samling av 100 läckra recept som kommer att tillfredsställa din söta tand och glädja dina smaklökar.

Smörgåskakor är mer än bara en efterrätt; de är en duk för kreativitet och överseende. I den här kokboken kommer vi att visa upp de oändliga möjligheterna med fyllda smörgåskakor, från klassiska kombinationer som choklad och vanilj till innovativa smaker som jordnötssmör och gelé, s'mores och mer. Oavsett om du bakar för ett speciellt tillfälle, ett högtidsfirande eller bara är sugen på en söt goding, hittar du massor av inspiration på dessa sidor.

Varje recept i den här kokboken är gjord med omsorg och uppmärksamhet på detaljer, vilket säkerställer perfekta resultat varje gång du bakar. Från möra kaklager till krämiga fyllningar, varje tugga är en symfoni av smaker och texturer som gör dig sugen på mer. Med tydliga instruktioner, användbara tips och fantastisk fotografering gör "FYLLNING: SMÖRGÅS KOCK" det enkelt att skapa vackra och läckra godsaker i ditt eget kök.

Så, förvärm ugnen, damma av dina bakplåtar och gör dig redo att njuta av 100 lager av sötma med "FYLLNING: SMÖRGÅS KOCK" som din guide. Oavsett om du bakar för dig själv, din familj eller ett speciellt tillfälle, kommer dessa recept garanterat att imponera och glädjas med varje tugga.

CHOKLAD PARAR

1. Chokladkaka & vaniljsmörgås

INGREDIENSER:
- ⅓ kopp mjölkfritt margarin, vid rumstemperatur
- ⅔ kopp förångat rörsocker
- 2 matskedar mjölkfri mjölk
- ¼ tesked mild vinäger
- 1 tsk vaniljextrakt
- ¾ kopp oblekt universalmjöl
- ⅓ kopp osötad bakkakao, siktad
- ½ tsk bakpulver
- ⅛ tesked salt

INSTRUKTIONER:
a) Värm ugnen till 375°F. Klä en plåt med bakplåtspapper.
b) I en medelstor skål, grädda ihop margarin och socker. Rör ner mjölk, vinäger och vanilj.
c) I en liten skål, kombinera mjöl, kakao, bakpulver och salt. Tillsätt de torra ingredienserna till det våta och blanda noggrant.
d) Vänd ut på den förberedda bakplåten. Lägg ett ark vaxat papper över degen och kavla ut den till en ca ¼ tum tjock fyrkant.
e) Ta bort det vaxade papperet och grädda i 10 till 12 minuter, tills kanterna är fasta och det är lätt pösigt. Det kommer att verka mjukt och inte helt bakat, men det är det.
f) Ta ut ur ugnen och låt svalna i ca 15 minuter på bakplåtspapper på galler. Skär försiktigt kakorna i önskad form. Du kan använda en glas- eller kexskärare för att göra dem runda eller maximera degen genom att skära dem i jämnstora rutor.
g) Ta bort kakorna från plåten och låt dem svalna klart på galler.

2.Choc-Chip Glass Smörgåsar

INGREDIENSER:
- 2 koppar oblekt universalmjöl
- 1 tsk bakpulver
- ¼ tesked salt
- ½ kopp avdunstat rörsocker
- ½ kopp packat farinsocker
- 1 kopp mjölkfritt margarin, mjukat
- 1 tsk majsstärkelse
- 2 matskedar mjölkfri mjölk
- 1 tsk vaniljextrakt
- ¾ kopp halvsöt chokladchips

INSTRUKTIONER:
a) Värm ugnen till 350°F. Klä två bakplåtar med bakplåtspapper.
b) I en stor skål, sikta ihop mjöl, bakpulver och salt. I en andra stor skål, blanda ihop rörsocker, farinsocker och margarin.
c) Lös upp majsstärkelsen i mjölken och tillsätt sockerblandningen tillsammans med vaniljen. Tillsätt de torra ingredienserna till det våta i omgångar och blanda tills det blandas, rör sedan i chokladbitarna.
d) Använd en cookie dropper eller matsked, släpp överhopade skopor av deg på de förberedda bakplåtarna cirka 2 tum från varandra.
e) Grädda i 8 till 10 minuter, eller tills kanterna är något gyllene.
f) Ta ut ur ugnen och låt svalna på pannan i 5 minuter, överför sedan till ett galler.
g) Låt kakorna svalna helt. Förvara i en lufttät behållare

3.Chokladkaka med mintsmörgåsar

INGREDIENSER:
- ⅔ kopp mjölkfritt margarin, uppmjukat
- 1 kopp förångat rörsocker
- 1 tsk vaniljextrakt
- 1¼ koppar oblekt universalmjöl
- ½ kopp osötad bakkakao, siktad
- ½ tsk bakpulver
- ⅛ tesked salt

INSTRUKTIONER:
a) Värm ugnen till 375°F. Klä två bakplåtar med bakplåtspapper.
b) I en stor skål, blanda ihop margarin, socker och vanilj. I en liten skål, kombinera mjöl, kakao, bakpulver och salt.
c) Tillsätt de torra ingredienserna till det våta och blanda noggrant.
d) Släpp råga matskedar av deg på de förberedda bakplåtarna med cirka 2 tums mellanrum.
e) Grädda i 10 till 12 minuter, eller tills kakorna har spridit sig och kanterna stelnat.
f) Ta ut ur ugnen och låt svalna på pannan i 5 minuter, överför sedan till ett galler.
g) Låt kakorna svalna helt. Förvara i en lufttät behållare

4.Choklad sojaglass

INGREDIENSER:
- ¾ kopp förångat rörsocker
- ⅓ kopp osötad bakkakao, siktad
- 1 msk tapiokastärkelse
- 2½ koppar soja- eller hampamjölk (helfett)
- 2 tsk kokosolja
- 2 tsk vaniljextrakt

INSTRUKTIONER:
a) I en stor kastrull, kombinera socker, kakao och tapiokastärkelse och vispa tills kakaon och stärkelsen är inkorporerade i sockret. Häll i mjölken, vispa så att den blandas.
b) På medelvärme, låt blandningen koka upp, vispa ofta.
c) När det kokar, sänk värmen till medel-låg och vispa hela tiden tills blandningen tjocknar och täcker baksidan av en sked, cirka 5 minuter.
d) Ta av från värmen, tillsätt kokosolja och vanilj och vispa ihop.
e) Överför blandningen till en värmetålig skål och låt den svalna helt.
f) Häll blandningen i skålen på en 1½- eller 2-liters glassmaskin och bearbeta enligt tillverkarens instruktioner.
g) Förvara i en lufttät behållare i frysen i minst 2 timmar innan du sätter ihop smörgåsarna.

ATT GÖRA SMÖRGORNA
h) Låt glassen mjukna något så den är lätt att ösa. Lägg hälften av kakorna med botten uppåt på en ren yta. Skopa en generös kula glass, cirka ⅓ kopp, på toppen av varje kaka. Toppa glassen med de återstående kakorna, med kakbottnarna vidrör glassen.
i) Tryck försiktigt ner kakorna för att jämna ut dem.
j) Slå in varje smörgås i plastfolie eller vaxat papper och ställ tillbaka till frysen i minst 30 minuter innan servering.

5. Dubbla chokladsmörgåsar

INGREDIENSER:
- 1 kopp oblekt universalmjöl
- ½ kopp osötad bakkakao, siktad
- ½ tesked bakpulver
- ¼ tesked salt
- ¼ kopp icke-mjölkfria chokladchips, smält
- ½ kopp mjölkfritt margarin, mjukat
- 1 kopp förångat rörsocker
- 1 tsk vaniljextrakt

INSTRUKTIONER:
a) Värm ugnen till 325°F. Klä två bakplåtar med bakplåtspapper.
b) I en medelstor skål, kombinera mjöl, kakaopulver, bakpulver och salt.
c) I en stor skål, med en elektrisk handhållen mixer, blanda ihop de smälta chokladbitarna, margarinet, socker och vanilj tills de är väl kombinerade.
d) Tillsätt de torra ingredienserna till det våta i omgångar tills det är helt införlivat.
e) Skopa små bollar av deg, ungefär lika stora som en stor marmor (ungefär 2 teskedar) på de förberedda bakplåtarna med cirka 2 tums mellanrum.
f) Smörj baksidan av en matsked lätt och tryck försiktigt och jämnt ner på varje kaka tills den är tillplattad och mäter cirka 1½ tum bred. Grädda i 12 minuter, eller tills kanterna stelnat. Om du bakar båda plåtarna samtidigt, rotera plåtarna halvvägs.
g) Efter att ha tagits ut ur ugnen, låt kakorna svalna på pannan i 5 minuter och överför sedan till ett galler. Låt kakorna svalna helt. Förvara i en lufttät behållare

6.Choklad Coconut Ice Cream smörgås

INGREDIENSER:
- ¾ kopp förångat rörsocker
- ⅓ kopp osötad bakkakao, siktad
- 1 (13,5-ounce) burk fullfet kokosmjölk (inte lätt)
- 1 kopp mjölkfri mjölk
- 1 tsk vaniljextrakt

INSTRUKTIONER:
a) Blanda sockret och kakaon i en stor kastrull och vispa tills kakaon är inkorporerad i sockret. Häll i kokosmjölken och den andra icke-mejerimjölken, vispa så att den blandas. På medelvärme, låt blandningen koka upp, vispa ofta.

b) När det kokar, sänk värmen till medel-låg och vispa hela tiden tills sockret är upplöst, cirka 5 minuter. Ta av från värmen och tillsätt vaniljen under vispning.

c) Överför blandningen till en värmetålig skål och låt den svalna helt.

d) Häll blandningen i skålen på en 1½ eller 2-liters glassmaskin och bearbeta enligt tillverkarens instruktioner. Förvara i en lufttät behållare i frysen i minst 2 timmar innan du sätter ihop smörgåsarna.

ATT GÖRA SMÖRGORNA
e) Låt glassen mjukna något så den är lätt att ösa. Lägg hälften av kakorna med botten uppåt på en ren yta. Skopa en generös kula glass, cirka ⅓ kopp, på toppen av varje kaka. Toppa glassen med de återstående kakorna, med kakbottnarna vidrör glassen.

f) Tryck försiktigt ner kakorna för att jämna ut dem. Slå in varje smörgås i plastfolie eller vaxat papper och ställ tillbaka till frysen i minst 30 minuter innan servering.

7. Fudge Swirl Sandwich

INGREDIENSER:
- ¼ kopp halvsöt chokladchips
- 1 matsked mjölkfri mjölk
- 2 matskedar mjölkfritt margarin

INSTRUKTIONER:
a) Värm chokladchips och mjölk i en mikrovågssäker skål i steg om 15 sekunder, rör om mellan varje.
b) När chokladen har smält , vispa väl så att den blandas med mjölken.
c) Tillsätt margarinet och blanda väl.
d) Låt svalna till rumstemperatur.

8. Triple Choklad Brownie Smörgås

INGREDIENSER:
1 kopp osaltat smör
2 koppar strösocker
4 stora ägg
1 tsk vaniljextrakt
1 kopp universalmjöl
1/2 kopp osötat kakaopulver
1/4 tsk salt
2 dl chokladglass
1/2 kopp chokladchips

INSTRUKTIONER:
Värm ugnen till 350°F (175°C) och smörj en 9x13-tums långpanna.
Smält smöret i en mikrovågssäker skål. Tillsätt sockret, äggen och vaniljextraktet och vispa tills det är väl blandat.
I en separat skål, vispa ihop mjöl, kakaopulver och salt. Tillsätt gradvis de torra ingredienserna till de våta ingredienserna, blanda tills de precis blandas.
Rör ner chokladbitarna. Häll smeten i den förberedda bakformen och fördela jämnt.
Grädda i 25-30 minuter eller tills en tandpetare som sticks in i mitten kommer ut med några fuktiga smulor.
Låt browniesna svalna helt. Skär i rutor.
Ta en kula chokladglass och lägg den på undersidan av en brownie-ruta. Toppa med ytterligare en brownie ruta och tryck försiktigt ihop.
Upprepa med resterande brownierutor och glass. Frys i minst 1 timme innan servering.

9.Smörgås med mintchokladkaka

INGREDIENSER:
1 3/4 koppar universalmjöl
1/2 kopp osötat kakaopulver
1/2 tsk bakpulver
1/4 tsk salt
1/2 kopp osaltat smör, mjukat
1 kopp strösocker
1 stort ägg
1 tsk vaniljextrakt
1/2 tsk pepparmyntsextrakt
Grön matfärg (valfritt)
2 dl mintchokladglass

INSTRUKTIONER:
Värm ugnen till 350°F (175°C) och klä en plåt med bakplåtspapper.
I en medelstor skål, vispa ihop mjöl, kakaopulver, bakpulver och salt.
Grädda ihop smör och strösocker i en stor skål tills det är ljust och fluffigt.
Tillsätt ägget, vaniljextraktet, pepparmyntsextraktet och grön matfärg (om du använder den) och blanda tills det är väl kombinerat.
Tillsätt gradvis de torra ingredienserna till de våta ingredienserna, blanda tills de precis blandas.
Släpp rundade matskedar av deg på den förberedda bakplåten och platta till något med baksidan av en sked.
Grädda i 10-12 minuter eller tills kanterna stelnat. Låt kakorna svalna helt.
När den svalnat, ös en liten mängd mintchokladglass på undersidan av en kaka. Lägg en annan kaka ovanpå och tryck försiktigt ihop.
Upprepa med resterande kakor och glass. Frys i minst 1 timme innan servering.

10. Jordnötssmör Choklad Swirl Sandwich

INGREDIENSER:
1/2 kopp osaltat smör, mjukat
1/2 kopp krämigt jordnötssmör
1/2 kopp strösocker
1/2 kopp packat farinsocker
1 stort ägg
1 tsk vaniljextrakt
1 1/4 koppar universalmjöl
1/2 kopp osötat kakaopulver
1/2 tsk bakpulver
1/4 tsk salt
2 dl chokladvirvelglass

INSTRUKTIONER:
Värm ugnen till 350°F (175°C) och klä en plåt med bakplåtspapper.
I en stor skål, grädda ihop smör, jordnötssmör, strösocker och farinsocker tills det är ljust och fluffigt. Tillsätt ägget och vaniljextraktet och blanda tills det är väl blandat.
I en separat skål, vispa ihop mjöl, kakaopulver, bakpulver och salt. Tillsätt gradvis de torra ingredienserna till de våta ingredienserna, blanda tills de precis blandas.
Släpp rundade matskedar av deg på den förberedda bakplåten och platta till något med baksidan av en sked.
Grädda i 10-12 minuter eller tills kanterna stelnat. Låt kakorna svalna helt.
När den svalnat, ös upp en liten mängd chokladglass på undersidan av en kaka. Lägg en annan kaka ovanpå och tryck försiktigt ihop.
Upprepa med resterande kakor och glass. Frys i minst 1 timme innan servering.

11. Hasselnötschokladvåffelsmörgås

INGREDIENSER:
2 koppar universalmjöl
1/2 kopp osötat kakaopulver
1/4 kopp strösocker
2 tsk bakpulver
1/2 tsk salt
2 dl mjölk
2 stora ägg
1/4 kopp osaltat smör, smält
1 tsk vaniljextrakt
2 dl hasselnötschokladglass

INSTRUKTIONER:
Förvärm ett våffeljärn enligt tillverkarens anvisningar.
I en stor skål, vispa ihop mjöl, kakaopulver, strösocker, bakpulver och salt.
I en separat skål, vispa ihop mjölk, ägg, smält smör och vaniljextrakt.
Tillsätt gradvis de våta ingredienserna till de torra ingredienserna, vispa tills de precis blandas.
Häll smeten på det förvärmda våffeljärnet och koka enligt tillverkarens anvisningar, tills den är knaprig och genomstekt.
Låt våfflorna svalna något och skär dem sedan i fyrkanter eller rektanglar.
Ta en kula hasselnötschokladglass och lägg den på undersidan av ena våffelbiten. Toppa med ytterligare en våffelbit och tryck försiktigt ihop.
Upprepa med resterande våffelbitar och glass. Frys i minst 1 timme innan servering.

12. Mexikansk Choklad Chili Sandwich

INGREDIENSER:
1 3/4 koppar universalmjöl
1/2 kopp osötat kakaopulver
1 tsk mald kanel
1/2 tsk malet chilipulver
1/2 tsk bakpulver
1/4 tsk salt
1/2 kopp osaltat smör, mjukat
1 kopp strösocker
1 stort ägg
1 tsk vaniljextrakt
2 dl mexikansk chokladglass

INSTRUKTIONER:
Värm ugnen till 350°F (175°C) och klä en plåt med bakplåtspapper.
I en medelstor skål, vispa ihop mjöl, kakaopulver, malen kanel, malet chilipulver, bakpulver och salt.
Grädda ihop smör och strösocker i en stor skål tills det är ljust och fluffigt.
Tillsätt ägget och vaniljextraktet och blanda tills det är väl blandat.
Tillsätt gradvis de torra ingredienserna till de våta ingredienserna, blanda tills de precis blandas.
Släpp rundade matskedar av deg på den förberedda bakplåten och platta till något med baksidan av en sked.
Grädda i 10-12 minuter eller tills kanterna stelnat. Låt kakorna svalna helt.
När den svalnat, ös upp en liten mängd mexikansk chokladglass på undersidan av en kaka. Lägg en annan kaka ovanpå och tryck försiktigt ihop.
Upprepa med resterande kakor och glass. Frys i minst 1 timme innan servering.

13. Salted Caramel Choklad Pretzel Sandwich

INGREDIENSER:
- 1 1/2 koppar universalmjöl
- 1/2 kopp osötat kakaopulver
- 1/2 tsk bakpulver
- 1/4 tsk salt
- 1/2 kopp osaltat smör, mjukat
- 1/2 kopp strösocker
- 1/2 kopp packat farinsocker
- 1 stort ägg
- 1 tsk vaniljextrakt
- 1/2 dl hackade kringlor
- 1/2 dl saltad karamellglass
- Pretzels, för garnering (valfritt)

INSTRUKTIONER:
Värm ugnen till 350°F (175°C) och klä en plåt med bakplåtspapper.
I en medelstor skål, vispa ihop mjöl, kakaopulver, bakpulver och salt.
I en stor skål, grädda ihop smör, strösocker och farinsocker tills det är ljust och fluffigt. Tillsätt ägget och vaniljextraktet och blanda tills det är väl blandat.
Tillsätt gradvis de torra ingredienserna till de våta ingredienserna, blanda tills de precis blandas.
Rör ner de hackade kringlorna. Släpp rundade matskedar av deg på den förberedda bakplåten och platta till något med baksidan av en sked.
Grädda i 10-12 minuter eller tills kanterna stelnat. Låt kakorna svalna helt.
När den har svalnat, ös upp en liten mängd saltad karamellglass på undersidan av en kaka. Lägg en annan kaka ovanpå och tryck försiktigt ihop.
Valfritt: Rulla kanterna på glassmackan i krossade kringlor för garnering.
Frys i minst 1 timme innan servering.

14. Hallon Mörk Choklad Macaron Sandwich

INGREDIENSER:
1 1/4 koppar strösocker
3/4 kopp mandelmjöl
2 matskedar osötat kakaopulver
2 stora äggvitor
1/4 kopp strösocker
1/4 tsk salt
1/2 kopp hallonsorbet
1/2 kopp mörk choklad, smält

INSTRUKTIONER:
Värm ugnen till 300°F (150°C) och klä en plåt med bakplåtspapper.
I en medelstor skål, sikta ihop strösocker, mandelmjöl och kakaopulver.
I en separat skål, vispa äggvitorna på medelhastighet tills det skummar. Tillsätt gradvis strösockret och saltet och fortsätt vispa tills det bildas styva toppar.
Vänd försiktigt ner de torra ingredienserna i äggviteblandningen tills de är helt blandade, var försiktig så att du inte överblandar.
Lägg över smeten i en spritspåse försedd med en rund spets . Spruta små cirklar på den förberedda bakplåten.
Knacka bakplåten på bänken några gånger för att släppa ut eventuella luftbubblor. Låt macaronsna stå i rumstemperatur i 30 minuter för att bilda ett skal.
Grädda i 15-18 minuter eller tills macaronsna är fasta vid beröring. Låt dem svalna helt.
När svalnat, bred en liten mängd hallonsorbet på den platta sidan av ett macaronskal. Toppa med ett annat macaronskal och tryck försiktigt ihop. Doppa kanterna på macaronmackan i smält mörk choklad. Frys i minst 1 timme innan servering.

15. Kokos Choklad Mandel Joy Sandwich

INGREDIENSER:

1 1/2 koppar sötad riven kokos
1/2 kopp sötad kondenserad mjölk
1/2 tsk vaniljextrakt
1/4 tsk mandelextrakt
1/2 dl hackad mandel
2 dl choklad kokosglass

INSTRUKTIONER:

I en medelstor skål, kombinera den strimlade kokosnöten, sötad kondenserad mjölk, vaniljextrakt, mandelextrakt och hackad mandel. Blanda tills det är väl blandat.

Klä en plåt med bakplåtspapper. Ta cirka 2 matskedar av kokosblandningen och forma den till en rektangel på den förberedda bakplåten. Upprepa för att göra fler rektanglar.

Lägg bakplåten i frysen i 1 timme så att kokosblandningen stelnar.

När kokosblandningen är fast, ta en kula chokladkokosglass och lägg den ovanpå en kokosrektangel. Toppa med ytterligare en kokosrektangel och tryck försiktigt ihop.

Upprepa med resterande kokosrektanglar och glass. Frys i minst 1 timme innan servering.

16. Oreo chokladkakor och gräddsmörgås

INGREDIENSER:
2 koppar universalmjöl
1/2 kopp osötat kakaopulver
1 tsk bakpulver
1/2 tsk salt
1/2 kopp osaltat smör, mjukat
1 kopp strösocker
2 stora ägg
1 tsk vaniljextrakt
2 dl kakor och gräddglass
Krossade Oreo-kakor, till garnering

INSTRUKTIONER:
Värm ugnen till 350°F (175°C) och klä en plåt med bakplåtspapper.
I en medelstor skål, vispa ihop mjöl, kakaopulver, bakpulver och salt.
Grädda ihop smör och strösocker i en stor skål tills det är ljust och fluffigt.
Tillsätt äggen och vaniljextraktet och blanda tills det är väl blandat.
Tillsätt gradvis de torra ingredienserna till de våta ingredienserna, blanda tills de precis blandas.
Släpp rundade matskedar av deg på den förberedda bakplåten och platta till något med baksidan av en sked.
Grädda i 10-12 minuter eller tills kanterna stelnat. Låt kakorna svalna helt.
När den svalnat, ös en liten mängd kakor och gräddglass på undersidan av en kaka. Lägg en annan kaka ovanpå och tryck försiktigt ihop.
Rulla kanterna på glassmackan i krossade Oreo-kakor för garnering. Frys i minst 1 timme innan servering.

17. Hersheys glasssmörgås

INGREDIENSER:
1 paket Hersheys chokladkakor
12 chokladkakor
2 dl vaniljglass

INSTRUKTIONER:
Bryt Hershey's chokladkakor i enskilda bitar.
Lägg 6 chokladkakor upp och ner på en plåt.
Lägg en bit Hersheys choklad ovanpå varje kaka.
Ta en kula vaniljglass och lägg den ovanpå chokladen.
Lägg en annan chokladkaka ovanpå för att göra en smörgås.
Upprepa med de återstående kakorna, chokladen och glassen.
Frys in glassmackorna i minst 2 timmar innan servering.

18. Toblerone glass smörgås

INGREDIENSER:
1 Toblerone chokladkaka
12 chokladkakor
2 dl chokladglass

INSTRUKTIONER:
Bryt Toblerone -chokladkakan i små trekantiga bitar.
Lägg 6 chokladkakor upp och ner på en plåt.
Lägg en bit Toblerone -choklad ovanpå varje kaka.
Ta en kula chokladglass och lägg den ovanpå chokladen.
Lägg en annan chokladkaka ovanpå för att göra en smörgås.
Upprepa med de återstående kakorna, chokladen och glassen.
Frys in glassmackorna i minst 2 timmar innan servering.

19. Cadbury Ice Cream Sandwich

INGREDIENSER:
1 Cadbury Dairy Milk chokladkaka
12 mördegskakor
2 dl karamellglass

INSTRUKTIONER:
Bryt Cadbury Dairy Milk chokladkakan i enskilda bitar.
Lägg 6 mördegskakor upp och ner på en plåt.
Lägg en bit Cadbury-choklad ovanpå varje kaka.
Ta en kula kolaglass och lägg den ovanpå chokladen.
Lägg en annan mördegskaka ovanpå för att göra en smörgås.
Upprepa med de återstående kakorna, chokladen och glassen.
Frys in glassmackorna i minst 2 timmar innan servering.

20. Godiva glasssmörgås

INGREDIENSER:
1 ask Godiva chokladtryffel
12 choklad graham kex
2 koppar kaffeglass

INSTRUKTIONER:
Ta bort omslagen från Godiva-chokladtryffeln.
Lägg 6 choklad graham kex upp och ner på en plåt.
Lägg en Godiva-tryffel ovanpå varje kex.
Ta en kula kaffeglass och lägg den ovanpå tryffeln.
Lägg en annan choklad graham cracker ovanpå för att göra en smörgås.
Upprepa med resterande kex, tryffel och glass.
Frys in glassmackorna i minst 2 timmar innan servering.

21.Ferrero Rocher glassmörgås

INGREDIENSER:
1 paket Ferrero Rocher -choklad
12 chokladkakor
2 dl hasselnötsglass

INSTRUKTIONER:
Ta bort omslagen från Ferrero Rocher -chokladen.
Lägg 6 chokladkakor upp och ner på en plåt.
Lägg en Ferrero Rocher -choklad ovanpå varje kaka.
Ta en kula hasselnötsglass och lägg den ovanpå chokladen.
Lägg en annan chokladkaka ovanpå för att göra en smörgås.
Upprepa med de återstående kakorna, chokladen och glassen.
Frys in glassmackorna i minst 2 timmar innan servering.

22. Ghirardelli glass smörgås

INGREDIENSER:
1 Ghirardelli chokladkaka
12 chokladdoppade mördegskakor
2 dl mintchokladglass

INSTRUKTIONER:
Bryt Ghirardelli chokladkakan i enskilda rutor.
Lägg 6 chokladdoppade mördegskakor upp och ner på en plåt.
Lägg en fyrkant av Ghirardelli-choklad ovanpå varje kaka.
Ta en kula mintchokladglass och lägg den ovanpå chokladen.
Lägg en annan chokladdoppad mördegskaka ovanpå för att göra en smörgås.
Upprepa med de återstående kakorna, chokladen och glassen.
Frys in glassmackorna i minst 2 timmar innan servering.

KOPPLING AV MÖTTER

23. Mandelsmörgåsar

INGREDIENSER:
- 1 kopp mjölkfritt margarin, mjukat
- ¾ kopp förångat rörsocker, delat
- ½ tesked mandelextrakt
- 1 tsk vaniljextrakt
- 2 koppar oblekt universalmjöl
- ⅓ kopp mald mandel

INSTRUKTIONER:
a) I en stor skål, grädda ihop margarinet, ½ kopp av sockret och mandel- och vaniljextrakten tills de är väl kombinerade. I en liten skål, kombinera mjöl och mald mandel.
b) Tillsätt mjölblandningen i margarinblandningen i omgångar och blanda tills degen är mjuk och smidig.
c) Dela degen på mitten och forma varje halva till en rektangulär stock, ca 5 tum lång, 3 tum bred och 2 tum hög. Strö resterande ¼ kopp sockret på en ren yta och rulla varje stock i den för att täcka utsidan.
d) Slå in varje stock i plastfolie och ställ i kylen i minst 2 timmar.
e) Värm ugnen till 375°F. Klä två bakplåtar med bakplåtspapper.
f) Ta bort stockarna från kylen och rulla varje stock i det återstående sockret för att täcka. Använd en vass kniv och skär stockarna i ¼-tums tjocka skivor, tryck på sidorna av stocken när du skär för att behålla sin form.
g) Placera de skivade kakorna på de förberedda bakplåtarna 1 tum från varandra.
h) Grädda i 8 till 10 minuter, eller tills kanterna är lätt bruna. Om du bakar båda plåtarna samtidigt, rotera dem halvvägs.
i) Ta ut ur ugnen och låt kakorna svalna på pannan i 5 minuter och överför sedan till ett galler. Låt kakorna svalna helt.
j) Förvara i en lufttät behållare.

24.Cashew Mint Glass

INGREDIENSER:
- 2 koppar soja- eller hampamjölk (helfett)
- ¾ kopp förångat rörsocker
- 1½ tsk pepparmyntsextrakt
- 1 tsk vaniljextrakt
- 1½ dl råa cashewnötter
- 3 till 4 droppar grön matfärg (valfritt)
- 1/16 tesked guargummi
- ⅓ kopp halvsöt chokladspån (använd en grönsaksskalare på en chokladkaka)

INSTRUKTIONER:
a) Blanda mjölken och sockret i en stor kastrull. På medelvärme, låt blandningen koka upp, vispa ofta.
b) När det kokar, sänk värmen till medel-låg och vispa hela tiden tills sockret är upplöst, cirka 5 minuter.
c) Ta av från värmen och tillsätt pepparmynta och vaniljextrakt, vispa ihop.
d) Lägg cashewnötterna i botten av en värmetålig skål och häll den varma mjölkblandningen över dem. Låt den svalna helt. När svalnat, överför blandningen till en matberedare eller höghastighetsmixer och bearbeta tills den är slät, sluta skrapa ner sidorna efter behov.
e) Tillsätt matfärgen om du använder den. Mot slutet av din bearbetning, strö i guargummit och se till att det är väl inkorporerat.
f) Häll blandningen i skålen på en 1½- eller 2-liters glassmaskin och bearbeta enligt tillverkarens instruktioner. När glassen är klar, blanda försiktigt i chokladspånen.
g) Förvara i en lufttät behållare i frysen i minst 2 timmar innan du sätter ihop smörgåsarna.

ATT GÖRA SMÖRGORNA
h) Låt glassen mjukna något så den är lätt att ösa. Lägg hälften av kakorna med botten uppåt på en ren yta. Skopa en generös kula glass, cirka ⅓ kopp, på toppen av varje kaka.
i) Toppa glassen med de återstående kakorna, med kakbottnarna vidrör glassen. Tryck försiktigt ner kakorna för att jämna ut dem.
j) Slå in varje smörgås i plastfolie eller vaxat papper och ställ tillbaka till frysen i minst 30 minuter innan du äter.

25.Ginger Nut Glass

INGREDIENSER:
- 2 koppar mjölkfri mjölk (högre fetthalt, som soja eller hampa)
- ¾ kopp förångat rörsocker
- 1 tsk mald ingefära
- 1 tsk vaniljextrakt
- 1½ dl råa cashewnötter
- 1/16 tesked guargummi
- ⅓ kopp finhackad kanderad ingefära

INSTRUKTIONER:
a) Vispa ihop mjölk och socker i en stor kastrull. På medelvärme, låt blandningen koka upp, vispa ofta.
b) När det kokar, sänk värmen till medel-låg och vispa hela tiden tills sockret är upplöst, cirka 5 minuter. Ta av från värmen, tillsätt ingefära och vanilj och vispa ihop.
c) Lägg cashewnötterna i botten av en värmetålig skål och häll den varma mjölkblandningen över dem. Låt den svalna helt. När svalnat, överför blandningen till en matberedare eller höghastighetsmixer och bearbeta tills den är slät, sluta skrapa ner sidorna efter behov.
d) Mot slutet av din bearbetning, strö i guargummit och se till att det är väl inkorporerat.
e) Häll blandningen i skålen på en 1½- eller 2-liters glassmaskin och bearbeta enligt tillverkarens instruktioner.
f) När glassen är klar, blanda försiktigt i den kanderade ingefäran. Förvara i en lufttät behållare i frysen i minst 2 timmar innan du sätter ihop smörgåsarna.

ATT GÖRA SMÖRGORNA
g) Låt glassen mjukna något så den är lätt att ösa. Lägg hälften av kakorna med botten uppåt på en ren yta. Skopa en generös kula glass, cirka ⅓ kopp, på toppen av varje kaka.
h) Toppa glassen med de återstående kakorna, med kakbottnarna vidrör glassen.
i) Tryck försiktigt ner kakorna för att jämna ut dem.
j) Slå in varje smörgås med plastfolie eller vaxat papper och ställ tillbaka till frysen i minst 30 minuter innan servering.

26. Smörgåsar med jordnötschokladglass

INGREDIENSER:
- 1 kopp krämigt jordnötssmör
- ½ kopp strösocker
- ½ kopp packat farinsocker
- 1 stort ägg
- 1 tsk vaniljextrakt
- 1 ¼ koppar universalmjöl
- ½ tsk bakpulver
- ¼ tesked salt
- ½ kopp chokladchips
- 1-pint chokladglass
- Hackade jordnötter för rullning

INSTRUKTIONER:

a) Värm ugnen till 350°F (175°C) och klä en plåt med bakplåtspapper.

b) I en bunke, grädda ihop jordnötssmör, strösocker och farinsocker tills det är slätt. Tillsätt ägget och vaniljextraktet och blanda väl.

c) I en separat skål, vispa ihop mjöl, bakpulver och salt. Tillsätt gradvis de torra ingredienserna till jordnötssmörblandningen och blanda tills det blandas. Rör ner chokladbitarna.

d) Rulla degen till 1-tums bollar och lägg dem på den förberedda bakplåten. Platta ut varje boll med en gaffel för att skapa ett kors och tvärs mönster.

e) Grädda i 10-12 minuter eller tills kakorna är lätt gyllene. Låt dem svalna helt.

f) Ta en kula chokladglass och lägg den mellan två kakor. Rulla kanterna i hackade jordnötter för extra crunch.

g) Ställ glassmackorna i frysen i minst 1 timme för att stelna innan servering.

27.Mandelglädjeglassmackor

INGREDIENSER:
- 1 ½ dl universalmjöl
- ½ tesked bakpulver
- ¼ tesked salt
- ½ kopp osaltat smör, mjukat
- ½ kopp strösocker
- ½ kopp packat farinsocker
- 1 stort ägg
- 1 tsk vaniljextrakt
- ½ dl riven kokos
- ½ kopp hackad mandel
- 1-pints kokos- eller mandelglass
- Chokladganache eller smält choklad att ringla över

INSTRUKTIONER:
a) Värm ugnen till 190 °C och klä en plåt med bakplåtspapper.
b) I en skål, vispa ihop mjöl, bakpulver och salt.
c) I en separat bunke, grädda ihop det mjuka smöret, strösockret och farinsockret tills det är ljust och fluffigt. Tillsätt ägget och vaniljextraktet och blanda tills det är väl blandat.
d) Tillsätt gradvis de torra ingredienserna till smörblandningen och blanda tills det precis blandas. Rör ner den rivna kokosen och hackad mandel.
e) Släpp rundade matskedar av deg på den förberedda bakplåten, håll dem cirka 2 tum från varandra. Platta ut varje degboll något med handflatan.
f) Grädda i 10-12 minuter eller tills kanterna är gyllenbruna. Låt kakorna svalna helt.
g) Ta en kula kokos- eller mandelglass och lägg den mellan två kakor. Ringla över chokladganache eller smält choklad.
h) Ställ glassmackorna i frysen i minst 1 timme för att stelna innan servering.

28. Smörgåsar med pistasch och hallonglass

INGREDIENSER:
- 1 ½ dl universalmjöl
- ½ tesked bakpulver
- ¼ tesked salt
- ½ kopp osaltat smör, mjukat
- ½ kopp strösocker
- ½ kopp packat farinsocker
- 1 stort ägg
- 1 tsk vaniljextrakt
- ½ dl skalade pistagenötter, hackade
- 1-pints pistageglass
- Färska hallon till garnering

INSTRUKTIONER:
a) Värm ugnen till 190 °C och klä en plåt med bakplåtspapper.
b) I en skål, vispa ihop mjöl, bakpulver och salt.
c) I en separat bunke, grädda ihop det mjuka smöret, strösockret och farinsockret tills det är ljust och fluffigt. Tillsätt ägget och vaniljextraktet och blanda tills det är väl blandat.
d) Tillsätt gradvis de torra ingredienserna till smörblandningen och blanda tills det precis blandas. Rör ner de hackade pistagenötterna.
e) Släpp rundade matskedar av deg på den förberedda bakplåten, håll dem cirka 2 tum från varandra. Platta ut varje degboll något med handflatan.
f) Grädda i 10-12 minuter eller tills kanterna är gyllenbruna. Låt kakorna svalna helt.
g) Ta en kula pistageglass och lägg den mellan två kakor. Tryck ut några färska hallon på glassens kanter.
h) Ställ glassmackorna i frysen i minst 1 timme för att stelna innan servering.

29.Smörgåsar för glass med valnöt och karamell

INGREDIENSER:
- 1 ½ dl universalmjöl
- ½ tesked bakpulver
- ¼ tesked salt
- ½ kopp osaltat smör, mjukat
- ½ kopp strösocker
- ½ kopp packat farinsocker
- 1 stort ägg
- 1 tsk vaniljextrakt
- ½ kopp hackade valnötter
- 1-pint karamell swirl glass
- Kolasås att ringla över

INSTRUKTIONER:

a) Värm ugnen till 190 °C och klä en plåt med bakplåtspapper.

b) I en skål, vispa ihop mjöl, bakpulver och salt.

c) I en separat bunke, grädda ihop det mjuka smöret, strösockret och farinsockret tills det är ljust och fluffigt. Tillsätt ägget och vaniljextraktet och blanda tills det är väl blandat.

d) Tillsätt gradvis de torra ingredienserna till smörblandningen och blanda tills det precis blandas. Rör ner de hackade valnötterna.

e) Släpp rundade matskedar av deg på den förberedda bakplåten, håll dem cirka 2 tum från varandra. Platta ut varje degboll något med handflatan.

f) Grädda i 10-12 minuter eller tills kanterna är gyllenbruna. Låt kakorna svalna helt.

g) Ta en kula karamellglass och lägg den mellan två kakor. Ringla över kolasås.

h) Ställ glassmackorna i frysen i minst 1 timme för att stelna innan servering.

30.Smörgåsar med hasselnöt och espressoglass

INGREDIENSER:
- 1 ½ dl universalmjöl
- ½ tesked bakpulver
- ¼ tesked salt
- ½ kopp osaltat smör, mjukat
- ½ kopp strösocker
- ½ kopp packat farinsocker
- 1 stort ägg
- 1 tsk vaniljextrakt
- ½ dl hackade hasselnötter
- 1-pint espresso eller glass med smak av kaffe
- Krossade chokladtäckta espressobönor till garnering

INSTRUKTIONER:
a) Värm ugnen till 190 °C och klä en plåt med bakplåtspapper.
b) I en skål, vispa ihop mjöl, bakpulver och salt.
c) I en separat bunke, grädda ihop det mjuka smöret, strösockret och farinsockret tills det är ljust och fluffigt. Tillsätt ägget och vaniljextraktet och blanda tills det är väl blandat.
d) Tillsätt gradvis de torra ingredienserna till smörblandningen och blanda tills det precis blandas. Rör ner de hackade hasselnötterna.
e) Släpp rundade matskedar av deg på den förberedda bakplåten, håll dem cirka 2 tum från varandra. Platta ut varje degboll något med handflatan.
f) Grädda i 10-12 minuter eller tills kanterna är gyllenbruna. Låt kakorna svalna helt.
g) Ta en kula espresso eller glass med kaffesmak och lägg den mellan två kakor. Tryck ut några krossade chokladtäckta espressobönor på kanterna på glassen.
h) Ställ glassmackorna i frysen i minst 1 timme för att stelna innan servering.

31. Pistage Choklad Chunk Glass Sandwich

INGREDIENSER:
12 chokladkakor
2 dl pistageglass
1/2 kopp hackad mörk choklad

INSTRUKTIONER:
Ta 6 chokladkakor och lägg dem upp och ner på en plåt.
Häll pistaschglass på varje kaka.
Strö hackad mörk choklad över glassen.
Lägg ytterligare en chokladkaka ovanpå varje glasskula och tryck försiktigt till en smörgås.
Frys in glassmackorna i minst 2 timmar innan servering.

32. Hasselnötspralinglassmörgås

INGREDIENSER:
12 mördegskakor
2 dl hasselnötsglass
1/2 dl krossade pralinnötter

INSTRUKTIONER:
Ta 6 mördegskakor och lägg dem upp och ner på en plåt.
Ös hasselnötsglass på varje kaka.
Strö krossade pralinnötter över glassen.
Lägg ytterligare en mördegskaka ovanpå varje glasskula och tryck försiktigt till en smörgås.
Frys in glassmackorna i minst 2 timmar innan servering.

33. Walnut Maple Ice Cream Sandwich

INGREDIENSER:
12 havregrynskakor
2 koppar lönnvalnötsglass
1/4 kopp hackade valnötter

INSTRUKTIONER:
Ta 6 havregrynskakor och lägg dem upp och ner på en plåt.
Skopa lönnvalnötsglass på varje kaka.
Strö hackade valnötter över glassen.
Lägg ytterligare en havregrynskaka ovanpå varje glasskula och tryck försiktigt till en smörgås.
Frys in glassmackorna i minst 2 timmar innan servering.

34. Cashew Caramel Crunch Ice Cream Sandwich

INGREDIENSER:
12 kolakakor
2 dl cashewkolaglass
1/4 kopp kolasås
1/4 kopp krossade cashewnötter

INSTRUKTIONER:
Ta 6 kolakakor och lägg dem upp och ner på en plåt.
Häll cashewkolaglass på varje kaka.
Ringla kolasås över glassen.
Strö krossade cashewnötter över glassen.
Lägg ytterligare en kolakaka ovanpå varje glasskula och tryck försiktigt till en smörgås.
Frys in glassmackorna i minst 2 timmar innan servering.

35. Macadamianöt Vit Choklad Glass Smörgås

INGREDIENSER:
12 vit choklad macadamianötkakor
2 koppar vit choklad macadamianötglass
1/4 kopp vita chokladchips

INSTRUKTIONER:
Ta 6 macadamianötkakor med vit choklad och lägg dem upp och ner på en plåt.
Ös vit choklad macadamianötglass på varje kaka.
Strö vita chokladchips över glassen.
Lägg ytterligare en macadamianötkaka med vit choklad ovanpå varje glasskula och tryck försiktigt för att skapa en smörgås.
Frys in glassmackorna i minst 2 timmar innan servering.

36.Jordnötssmör Mandelglass Smörgås

INGREDIENSER:
12 jordnötssmörskakor
2 dl chokladmandelglass
1/4 kopp krossad mandel
1/4 kopp chokladsås

INSTRUKTIONER:
Ta 6 jordnötssmörskakor och lägg dem upp och ner på en plåt.
Häll chokladmandelglass på varje kaka.
Strö krossad mandel över glassen.
Ringla chokladsås över glassen.
Lägg en annan jordnötssmörskaka ovanpå varje glasskula och tryck försiktigt till en smörgås.
Frys in glassmackorna i minst 2 timmar innan servering.

37. Pecannötpralinglassmörgås

INGREDIENSER:
12 choklad-hasselnötskakor
2 dl pekannötspralinglass
1/4 kopp krossade pekannötter

INSTRUKTIONER:
Ta 6 choklad-hasselnötskakor och lägg dem upp och ner på en plåt.
Häll pekannötspralinglass på varje kaka.
Strö krossade pekannötter över glassen.
Lägg ytterligare en choklad-hasselnötskaka ovanpå varje glasskula och tryck försiktigt till en smörgås.
Frys in glassmackorna i minst 2 timmar innan servering.

38. Paranötter Choklad Chunk Glass Sandwich

INGREDIENSER:
12 dubbla chokladkakor
2 koppar chokladbitsglass
1/4 kopp hackade paranötter

INSTRUKTIONER:
Ta 6 dubbla chokladkakor och lägg dem upp och ner på en plåt.
Häll chokladbitglass på varje kaka.
Strö hackade paranötter över glassen.
Lägg ytterligare en dubbel chokladkaka ovanpå varje glasskula och tryck försiktigt till en smörgås.
Frys in glassmackorna i minst 2 timmar innan servering.

39. Blandad nötkolaglassmörgås

INGREDIENSER:
12 havregrynsrussinkakor
2 dl blandad nötkolaglass
1/4 kopp blandade hackade nötter
1/4 kopp kolasås

INSTRUKTIONER:
Ta 6 havregrynsrussinkakor och lägg dem upp och ner på en plåt.
Ös blandad nötkolaglass på varje kaka.
Ringla kolasås över glassen.
Strö blandade hackade nötter över glassen.
Placera en annan havregrynsrussinkaka ovanpå varje glasskula och tryck försiktigt för att skapa en smörgås.
Frys in glassmackorna i minst 2 timmar innan servering.

FRUKTPARAR

40.Bananer till smörgåsar med chokladglass

INGREDIENSER:
- 1¾ koppar oblekt universalmjöl
- 1 tsk bakpulver
- ¼ tesked salt
- ⅔ kopp förångat rörsocker
- ¼ kopp mjölkfritt margarin, mjukat
- 1 stor grovt mosad, mogen banan (cirka ½ kopp mosad)
- 1 tsk vaniljextrakt

INSTRUKTIONER:
a) Värm ugnen till 350°F. Klä två bakplåtar med bakplåtspapper.
b) I en medelstor skål, kombinera mjöl, bakpulver och salt. I en stor skål, blanda ihop socker och margarin.
c) Tillsätt banan och vanilj och blanda tills det är väl blandat.
d) Tillsätt de torra ingredienserna till det våta i omgångar och blanda tills det är slätt.
e) Använd en cookie dropper eller matsked, släpp matskedsstora skopor av deg på de förberedda bakplåtarna med cirka 1 tums mellanrum.
f) Grädda i 9 till 12 minuter, tills kakorna har spridit sig och kanterna är stelna och lätt gyllene.
g) Ta ut ur ugnen och låt kakorna svalna på pannan i 5 minuter och överför sedan till ett galler. Låt kakorna svalna helt.
h) Förvara i en lufttät behållare

41.Rabarber Mellanvästernsmörgåsar

INGREDIENSER:
- 1¾ koppar oblekt universalmjöl
- 1 tsk bakpulver
- ¼ tesked salt
- ¾ kopp förångat rörsocker
- ½ kopp mjölkfritt margarin, mjukat
- 1 tsk vaniljextrakt
- 1 kopp hackad färsk eller fryst (tinad) rabarber (röda delar, inte gröna)

INSTRUKTIONER:

a) Värm ugnen till 350°F. Klä två bakplåtar med bakplåtspapper.

b) I en medelstor skål, kombinera mjöl, bakpulver och salt. I en stor skål, blanda ihop socker och margarin. Tillsätt vaniljen och blanda tills det är väl blandat.

c) Blanda de torra ingredienserna med de våta i omgångar och blanda tills det är slätt. Vänd försiktigt ner rabarbern.

d) Använd en cookie dropper eller matsked, släpp matskedsstora skopor av deg och placera dem på de förberedda bakplåtarna cirka 1 tum från varandra.

e) Grädda i 9 till 12 minuter, tills kakorna har spridit sig och kanterna är stelna och lätt gyllene.

f) Ta ut ur ugnen och låt kakorna svalna på pannan i 5 minuter och överför sedan till ett galler. Låt kakorna svalna helt.

g) Förvara i en lufttät behållare

42. Tart Cherry Swirl Coconut Glass

INGREDIENSER:
- ¾ kopp plus 2 matskedar förångat rörsocker
- 1 (13,5-ounce) burk fullfet kokosmjölk (inte lätt)
- 1 kopp mjölkfri mjölk
- 1 tsk vaniljextrakt
- ⅓ kopp torkade syrliga körsbär, grovt hackade
- ¼ kopp vatten
- ½ tesked pilrot eller tapiokastärkelse
- ½ tsk färsk citronsaft

INSTRUKTIONER:
a) I en stor kastrull, kombinera ¾ kopp socker med kokosmjölken och annan icke-mejerimjölk, vispa för att införliva. På medelvärme, låt blandningen koka upp, vispa ofta.
b) När det kokar, sänk värmen till medel-låg och vispa hela tiden tills sockret är upplöst , cirka 5 minuter. Ta av från värmen och tillsätt vaniljen under vispning.
c) Överför blandningen till en värmetålig skål och låt den svalna helt.
d) Medan glassbasen svalnar, kombinera de torkade körsbären och vattnet i en liten kastrull. Koka på medelvärme tills körsbären mjuknat och blandningen börjar bubbla.
e) I en liten skål, kombinera de återstående 2 msk socker och stärkelsen. Strö blandningen i körsbären och sänk värmen till en sjud.
f) Fortsätt koka tills blandningen tjocknar, cirka 3 minuter, vispa sedan i citronsaften. Överför till en värmebeständig skål för att svalna helt.
g) Häll glassbasblandningen i skålen på en 1½- eller 2-liters glassmaskin och bearbeta enligt tillverkarens instruktioner. När glassen är klar, ös upp en tredjedel i en frysäker behållare och tillsätt sedan hälften av den kylda körsbärsblandningen.
h) Tillsätt ytterligare en tredjedel av glassen och toppa med resterande körsbärsblandning.
i) Toppa med den sista tredjedelen av glassen, dra sedan en smörkniv genom blandningen 2 eller 3 gånger för att virvla runt den. Förvara i en lufttät behållare i frysen i minst 2 timmar innan du sätter ihop smörgåsarna.

ATT GÖRA SMÖRGORNA

j) Låt glassen mjukna något så den är lätt att ösa. Lägg hälften av kakorna med botten uppåt på en ren yta. Skopa en generös kula glass, cirka ⅓ kopp, på toppen av varje kaka.

k) Toppa glassen med de återstående kakorna, med kakbottnarna vidrör glassen.

l) Tryck försiktigt ner kakorna för att jämna ut dem.

m) Slå in varje smörgås i plastfolie eller vaxat papper och ställ tillbaka till frysen i minst 30 minuter innan du äter.

43.Italienska jordgubbssmörgåsar

INGREDIENSER:
- 1 pint jordgubbsglass
- 1 dl färska jordgubbar, tärnade
- 8 italienska ladyfinger cookies
- Vispad grädde (valfritt, för servering)
- Färska myntablad (för garnering)

INSTRUKTIONER:
a) Ta ut halvlitaren jordgubbsglass ur frysen och låt den mjukna i några minuter tills den är lätt att arbeta med.
b) Mosa de tärnade färska jordgubbarna i en skål med en gaffel tills de släpper saften.
c) Tillsätt de mosade jordgubbarna i den mjukgjorda glassen och blanda väl tills de är jämnt fördelade.
d) Klä en ugnsform eller form med bakplåtspapper eller plastfolie.
e) Ta fyra italienska ladyfinger-kakor och lägg dem sida vid sida i fatet, forma en rektangulär form.
f) Fördela jordgubbsglassblandningen jämnt över ladyfingers i rätten.
g) Placera de återstående fyra ladyfinger cookies ovanpå glassen, skapa en smörgås.
h) Täck formen med plastfolie och frys i minst 4 timmar eller tills glassen är fast.
i) När glassen är helt fryst, ta ut skålen ur frysen och låt den stå i rumstemperatur i några minuter för att mjukna något.
j) Skär glassmackan i enskilda portioner med en vass kniv.
k) Servera Strawberry Italiano -glassmörgåsarna på tallrikar eller i skålar.
l) Eventuellt toppa varje smörgås med en klick vispgrädde och garnera med färska myntablad.
m) Njut av dina hemmagjorda jordgubbssmörgåsar !

44.Strawberry Shortcake Glass Smörgåsar

INGREDIENSER:
- 1 ½ dl universalmjöl
- ½ tsk bakpulver
- ¼ tesked salt
- ½ kopp osaltat smör, mjukat
- ¾ kopp strösocker
- 1 stort ägg
- 1 tsk vaniljextrakt
- 1 kopp tärnade jordgubbar
- 1-pint jordgubbsglass

INSTRUKTIONER:
a) Värm ugnen till 350°F (175°C) och klä en plåt med bakplåtspapper.
b) I en skål, vispa ihop mjöl, bakpulver och salt.
c) I en separat bunke, grädda ihop det mjuknade smöret och strösockret tills det är ljust och fluffigt. Tillsätt ägget och vaniljextraktet och blanda tills det är väl blandat.
d) Tillsätt gradvis de torra ingredienserna till smörblandningen och blanda tills det precis blandas. Vänd ner de tärnade jordgubbarna.
e) Släpp rundade matskedar av deg på den förberedda bakplåten, håll dem cirka 2 tum från varandra. Platta ut varje degboll något med handflatan.
f) Grädda i 10-12 minuter eller tills kanterna är gyllenbruna. Låt kakorna svalna helt.
g) Ta en kula jordgubbsglass och lägg den mellan två kakor.
h) Ställ glassmackorna i frysen i minst 1 timme för att stelna innan servering.

45.Banana Split Glass Smörgåsar

INGREDIENSER:
- 1 ½ dl universalmjöl
- ½ tesked bakpulver
- ¼ tesked salt
- ½ kopp osaltat smör, mjukat
- ½ kopp strösocker
- ½ kopp packat farinsocker
- 1 stort ägg
- 1 tsk vaniljextrakt
- ½ kopp mosade mogna bananer
- ½ kopp chokladchips
- 1 pint vaniljglass
- Skivade jordgubbar och hackad ananas till garnering
- Chokladsirap och vispad grädde för att ringla över

INSTRUKTIONER:
a) Värm ugnen till 190 °C och klä en plåt med bakplåtspapper.
b) I en skål, vispa ihop mjöl, bakpulver och salt.
c) I en separat bunke, grädda ihop det mjuka smöret, strösockret och farinsockret tills det är ljust och fluffigt. Tillsätt ägget och vaniljextraktet och blanda tills det är väl blandat.
d) Tillsätt gradvis de torra ingredienserna till smörblandningen och blanda tills det precis blandas. Rör ner de mosade bananerna och chokladbitarna.
e) Släpp rundade matskedar av deg på den förberedda bakplåten, håll dem cirka 2 tum från varandra. Platta ut varje degboll något med handflatan.
f) Grädda i 10-12 minuter eller tills kanterna är gyllenbruna. Låt kakorna svalna helt.
g) Ta en kula vaniljglass och lägg den mellan två kakor. Tryck ut skivade jordgubbar och hackad ananas på kanterna på glassen.
h) Ringla över chokladsirap och toppa med vispad grädde.
i) Ställ glassmackorna i frysen i minst 1 timme för att stelna innan servering.

46.Blåbär Citronglass Smörgåsar

INGREDIENSER:
- 1 ½ dl universalmjöl
- ½ tesked bakpulver
- ¼ tesked salt
- ½ kopp osaltat smör, mjukat
- ½ kopp strösocker
- ½ kopp packat farinsocker
- 1 stort ägg
- 1 tsk vaniljextrakt
- Skal av 1 citron
- 1 dl färska blåbär
- 1-pints citron- eller blåbärsglass

INSTRUKTIONER:
a) Värm ugnen till 190 °C och klä en plåt med bakplåtspapper.
b) I en skål, vispa ihop mjöl, bakpulver och salt.
c) I en separat bunke, grädda ihop det mjuka smöret, strösockret och farinsockret tills det är ljust och fluffigt. Tillsätt ägget, vaniljextraktet och citronskalet och blanda tills det är väl blandat.
d) Tillsätt gradvis de torra ingredienserna till smörblandningen och blanda tills det precis blandas. Vänd försiktigt ner de färska blåbären.
e) Släpp rundade matskedar av deg på den förberedda bakplåten, håll dem cirka 2 tum från varandra. Platta ut varje degboll något med handflatan.
f) Grädda i 10-12 minuter eller tills kanterna är gyllenbruna. Låt kakorna svalna helt.
g) Ta en kula citron- eller blåbärsglass och lägg den mellan två kakor.
h) Ställ glassmackorna i frysen i minst 1 timme för att stelna innan servering.

47.Mango Coconut Glass Smörgåsar

INGREDIENSER:
- 1 ½ dl universalmjöl
- ½ tesked bakpulver
- ¼ tesked salt
- ½ kopp osaltat smör, mjukat
- ½ kopp strösocker
- ½ kopp packat farinsocker
- 1 stort ägg
- 1 tsk vaniljextrakt
- ½ kopp tärnad mogen mango
- ¼ kopp riven kokos
- 1 pint mango eller kokosglass

INSTRUKTIONER:
a) Värm ugnen till 190 °C och klä en plåt med bakplåtspapper.
b) I en skål, vispa ihop mjöl, bakpulver och salt.
c) I en separat bunke, grädda ihop det mjuka smöret, strösockret och farinsockret tills det är ljust och fluffigt. Tillsätt ägget och vaniljextraktet och blanda tills det är väl blandat.
d) Tillsätt gradvis de torra ingredienserna till smörblandningen och blanda tills det precis blandas. Rör ner den tärnade mangon och strimlad kokos.
e) Släpp rundade matskedar av deg på den förberedda bakplåten, håll dem cirka 2 tum från varandra. Platta ut varje degboll något med handflatan.
f) Grädda i 10-12 minuter eller tills kanterna är gyllenbruna. Låt kakorna svalna helt.
g) Ta en kula mango- eller kokosglass och lägg den mellan två kakor.
h) Ställ glassmackorna i frysen i minst 1 timme för att stelna innan servering.

48.Hallon Vit Choklad Glass Smörgåsar

INGREDIENSER:
- 1 ½ dl universalmjöl
- ½ tesked bakpulver
- ¼ tesked salt
- ½ kopp osaltat smör, mjukat
- ½ kopp strösocker
- ½ kopp packat farinsocker
- 1 stort ägg
- 1 tsk vaniljextrakt
- ½ kopp färska hallon
- ½ kopp vita chokladchips
- 1-pints hallon- eller vitchokladglass

INSTRUKTIONER:
a) Värm ugnen till 190 °C och klä en plåt med bakplåtspapper.
b) I en skål, vispa ihop mjöl, bakpulver och salt.
c) I en separat bunke, grädda ihop det mjuka smöret, strösockret och farinsockret tills det är ljust och fluffigt. Tillsätt ägget och vaniljextraktet och blanda tills det är väl blandat.
d) Tillsätt gradvis de torra ingredienserna till smörblandningen och blanda tills det precis blandas. Rör ner färska hallon och vita chokladchips.
e) Släpp rundade matskedar av deg på den förberedda bakplåten, håll dem cirka 2 tum från varandra. Platta ut varje degboll något med handflatan.
f) Grädda i 10-12 minuter eller tills kanterna är gyllenbruna. Låt kakorna svalna helt.
g) Ta en kula hallon- eller vitchokladglass och lägg den mellan två kakor.
h) Ställ glassmackorna i frysen i minst 1 timme för att stelna innan servering.

49.Hallon Cheesecake Glass Smörgås

INGREDIENSER:
12 grahams kex
2 dl halloncheesecake-glass
1 kopp färska hallon

INSTRUKTIONER:
Ta 6 grahamsbröd och lägg dem upp och ner på en plåt.
Skopa halloncheesecakeglass på varje kex.
Strö färska hallon ovanpå glassen.
Placera ytterligare ett grahamskex ovanpå varje glasskula och tryck försiktigt för att skapa en smörgås.
Frys in glassmackorna i minst 2 timmar innan servering.

50. Smörgås med ananas kokosglass

INGREDIENSER:
12 st vaniljskivor
2 dl ananas kokosglass
1 kopp färsk ananas, tärnad

INSTRUKTIONER:
Ta 6st vaniljskivor och lägg dem upp och ner på en plåt.
Skopa ananas kokosglass på varje rån.
Strö tärnad färsk ananas ovanpå glassen.
Lägg ytterligare en vaniljskiva ovanpå varje glasskula och tryck försiktigt för att skapa en smörgås.
Frys in glassmackorna i minst 2 timmar innan servering.

51. Peach Melba Ice Cream Sandwich

INGREDIENSER:
12 mördegskakor
2 dl persikoglass
1 kopp färska hallon
1 kopp färska persikor, skivade

INSTRUKTIONER:
Ta 6 mördegskakor och lägg dem upp och ner på en plåt.
Ös persikoglass på varje kaka.
Toppa glassen med färska hallon och skivade persikor.
Lägg ytterligare en mördegskaka ovanpå varje glasskula och tryck försiktigt till en smörgås.
Frys in glassmackorna i minst 2 timmar innan servering.

52. Vattenmelon Mint Glass Sandwich

INGREDIENSER:
12 sockerkakor
2 dl vattenmelonsorbet
Färska myntablad

INSTRUKTIONER:
Ta 6 sockerkakor och lägg dem upp och ner på en plåt.
Häll vattenmelonsorbet på varje kaka.
Lägg ett färskt myntablad ovanpå sorbeten.
Lägg ytterligare en sockerkaka ovanpå varje glasskula och tryck försiktigt till en smörgås.
Frys in glassmackorna i minst 2 timmar innan servering.

53.Kiwi Lime Glass Smörgås

INGREDIENSER:
12 gingersnap kakor
2 dl kiwi lime glass
2 kiwi, skalade och skivade

INSTRUKTIONER:
Ta 6 gingersnap cookies och lägg dem upp och ner på en plåt.
Häll kiwilimeglass på varje kaka.
Lägg några skivor kiwi ovanpå glassen.
Lägg ytterligare en gingersnap-kaka ovanpå varje glasskula och tryck försiktigt till en smörgås.
Frys in glassmackorna i minst 2 timmar innan servering.

54. Blackberry Lavendel Glass Smörgås

INGREDIENSER:
12 havregrynskakor
2 dl björnbärs-lavendelglass
Färska björnbär

INSTRUKTIONER:
Ta 6 havregrynskakor och lägg dem upp och ner på en plåt.
Häll björnbärs-lavendelglass på varje kaka.
Lägg färska björnbär ovanpå glassen.
Lägg ytterligare en havregrynskaka ovanpå varje glasskula och tryck försiktigt till en smörgås.
Frys in glassmackorna i minst 2 timmar innan servering.

55. Blandad bäryoghurtglasssmörgås

INGREDIENSER:
12 choklad graham kex
2 dl blandad bäryoghurtglass
Blandade färska bär (som jordgubbar, blåbär och hallon)

INSTRUKTIONER:
Ta 6 choklad graham kex och lägg dem upp och ner på en plåt.
Ös blandad bäryoghurtglass på varje kex.
Lägg en mängd olika färska bär ovanpå glassen.
Placera ytterligare en choklad graham cracker ovanpå varje glasskula och tryck försiktigt för att skapa en smörgås.
Frys in glassmackorna i minst 2 timmar innan servering.

KRYDDA PARANDE

56.Kryddad nötglass

INGREDIENSER:
- 2 dl soja- eller hampamjölk
- ¾ kopp förångat rörsocker
- 1 tsk mald kanel
- ½ tesked mald ingefära
- ⅛ tesked mald kryddpeppar
- 1 tsk vaniljextrakt
- 1½ dl råa cashewnötter
- 1/16 tesked guargummi

INSTRUKTIONER:

a) Blanda mjölken och sockret i en stor kastrull. På medelvärme, låt blandningen koka upp, vispa ofta. När det kokar, sänk värmen till medel-låg och vispa hela tiden tills sockret är upplöst, cirka 5 minuter.

b) Ta av från värmen och tillsätt kanel, ingefära, kryddpeppar och vanilj, vispa ihop.

c) Lägg cashewnötterna i botten av en värmetålig skål och häll den varma mjölkblandningen över dem. Låt den svalna helt.

d) När svalnat, överför blandningen till en matberedare eller höghastighetsmixer och bearbeta tills den är slät, sluta skrapa ner sidorna efter behov.

e) Mot slutet av din bearbetning, strö i guargummit och se till att det är väl inkorporerat.

f) Häll blandningen i skålen på en 1½- eller 2-liters glassmaskin och bearbeta enligt tillverkarens instruktioner. Förvara i en lufttät behållare i frysen i minst 2 timmar innan du sätter ihop smörgåsarna.

ATT GÖRA SMÖRGORNA

g) Låt glassen mjukna något så den är lätt att ösa. Lägg hälften av kakorna med botten uppåt på en ren yta. Skopa en generös kula glass, cirka ⅓ kopp, på toppen av varje kaka.

h) Toppa glassen med de återstående kakorna, med kakbottnarna vidrör glassen.

i) Tryck försiktigt ner kakorna för att jämna ut dem.

j) Slå in varje smörgås i plastfolie eller vaxat papper och ställ tillbaka till frysen i minst 30 minuter innan du äter.

57. Zucchini Spice Smörgåsar

INGREDIENSER:
- 2 koppar oblekt universalmjöl
- ½ tsk bakpulver
- 1 tsk mald kanel
- ¼ tesked salt
- ¾ kopp mjölkfritt margarin, vid rumstemperatur
- ¾ kopp packat mörkt farinsocker
- ½ kopp avdunstat rörsocker
- 2 tsk vaniljextrakt
- 1 kopp strimlad zucchini
- ⅓ kopp hackade valnötter

INSTRUKTIONER:
a) Värm ugnen till 350°F. Klä två bakplåtar med bakplåtspapper.
b) I en liten skål, kombinera mjöl, bakpulver, kanel och salt. I en stor skål, blanda ihop margarin, farinsocker, rörsocker och vanilj.
c) Tillsätt de torra ingredienserna till det våta i omgångar och blanda tills det är slätt, blanda sedan in zucchinin och valnötterna.
d) Använd en cookie dropper eller matsked, släpp överhopade skopor av deg på det förberedda bakplåten cirka 2 tum från varandra. Tryck försiktigt ner varje kaka något.
e) Grädda i 9 till 11 minuter, eller tills kanterna är något gyllene. Ta ut ur ugnen och låt svalna på pannan i 5 minuter, ta sedan ut på ett galler. Låt kakorna svalna helt.
f) Förvara i en lufttät behållare.

58.smörgåsar med chokladglass

INGREDIENSER:
- 1 ½ dl universalmjöl
- ½ kopp osötat kakaopulver
- 1 tsk mald kanel
- ½ tsk cayennepeppar
- ½ tesked bakpulver
- ¼ tesked salt
- ½ kopp osaltat smör, mjukat
- ½ kopp strösocker
- ½ kopp packat farinsocker
- 1 stort ägg
- 1 tsk vaniljextrakt
- 1-pints choklad- eller kanelglass
- Chilipulver till garnering

INSTRUKTIONER:
a) Värm ugnen till 190 °C och klä en plåt med bakplåtspapper.
b) I en skål, vispa ihop mjöl, kakaopulver, malen kanel, cayennepeppar, bakpulver och salt.
c) I en separat bunke, grädda ihop det mjuka smöret, strösockret och farinsockret tills det är ljust och fluffigt. Tillsätt ägget och vaniljextraktet och blanda tills det är väl blandat.
d) Tillsätt gradvis de torra ingredienserna till smörblandningen och blanda tills det precis blandas.
e) Släpp rundade matskedar av deg på den förberedda bakplåten, håll dem cirka 2 tum från varandra. Platta ut varje degboll något med handflatan.
f) Grädda i 10-12 minuter eller tills kanterna stelnat. Låt kakorna svalna helt.
g) Ta en kula choklad eller kanelglass och lägg den mellan två kakor. Strö chilipulver ovanpå för en extra kick.
h) Ställ glassmackorna i frysen i minst 1 timme för att stelna innan servering.

59.Kryddig Mango Habanero Glass Smörgåsar

INGREDIENSER:
- 1 ½ dl universalmjöl
- ½ tesked bakpulver
- ¼ tesked salt
- ½ kopp osaltat smör, mjukat
- ½ kopp strösocker
- ½ kopp packat farinsocker
- 1 stort ägg
- 1 tsk vaniljextrakt
- 1 mogen mango, skalad och tärnad
- 1 habaneropeppar, kärnad och finhackad
- 1 pint mango eller vaniljglass

INSTRUKTIONER:
a) Värm ugnen till 190 °C och klä en plåt med bakplåtspapper.
b) I en skål, vispa ihop mjöl, bakpulver och salt.
c) I en separat bunke, grädda ihop det mjuka smöret, strösockret och farinsockret tills det är ljust och fluffigt. Tillsätt ägget och vaniljextraktet och blanda tills det är väl blandat.
d) Tillsätt gradvis de torra ingredienserna till smörblandningen och blanda tills det precis blandas. Rör ner den tärnade mangon och hackad habaneropeppar.
e) Släpp rundade matskedar av deg på den förberedda bakplåten, håll dem cirka 2 tum från varandra. Platta ut varje degboll något med handflatan.
f) Grädda i 10-12 minuter eller tills kanterna är gyllenbruna. Låt kakorna svalna helt.
g) Ta en kula mango- eller vaniljglass och lägg den mellan två kakor.
h) Ställ glassmackorna i frysen i minst 1 timme för att stelna innan servering.

60.Chipotle Chokladglass Smörgåsar

INGREDIENSER:

- 1 ½ dl universalmjöl
- ½ kopp osötat kakaopulver
- 1 tsk bakpulver
- ¼ tesked salt
- ½ tsk malen chipotlepeppar
- ½ kopp osaltat smör, mjukat
- 1 kopp strösocker
- 2 stora ägg
- 1 tsk vaniljextrakt
- 1-pint choklad eller vaniljglass
- Krossade rödpepparflingor till garnering

INSTRUKTIONER:

a) Värm ugnen till 350°F (175°C) och klä en plåt med bakplåtspapper.

b) I en skål, vispa ihop mjöl, kakaopulver, bakpulver, salt och malen chipotlepeppar.

c) I en separat bunke, grädda ihop det mjuknade smöret och strösockret tills det är ljust och fluffigt. Tillsätt äggen, ett i taget, vispa ordentligt efter varje tillsats. Rör ner vaniljextraktet.

d) Tillsätt gradvis de torra ingredienserna till smörblandningen och blanda tills det precis blandas.

e) Släpp rundade matskedar av deg på den förberedda bakplåten, håll dem cirka 2 tum från varandra. Platta ut varje degboll något med handflatan.

f) Grädda i 10-12 minuter eller tills kanterna stelnat. Låt kakorna svalna helt.

g) Ta en kula choklad eller vaniljglass och lägg den mellan två kakor. Strö krossade rödpepparflingor ovanpå för en kryddig touch.

h) Ställ glassmackorna i frysen i minst 1 timme för att stelna innan servering.

61.Jalapeno Lime Glass Smörgåsar

INGREDIENSER:
- 1 ½ dl universalmjöl
- ½ tesked bakpulver
- ¼ tesked salt
- ½ kopp osaltat smör, mjukat
- ½ kopp strösocker
- ½ kopp packat farinsocker
- 1 stort ägg
- 1 tsk vaniljextrakt
- Skal och saft av 1 lime
- 2 jalapenopeppar, kärnade och hackade
- 1 pint lime eller vaniljglass

INSTRUKTIONER:
a) Värm ugnen till 190 °C och klä en plåt med bakplåtspapper.
b) I en skål, vispa ihop mjöl, bakpulver och salt.
c) I en separat bunke, grädda ihop det mjuka smöret, strösockret och farinsockret tills det är ljust och fluffigt. Tillsätt ägget och vaniljextraktet och blanda tills det är väl blandat.
d) Tillsätt gradvis de torra ingredienserna till smörblandningen och blanda tills det precis blandas. Rör ner limeskal, limejuice och malet jalapenopeppar.
e) Släpp rundade matskedar av deg på den förberedda bakplåten, håll dem cirka 2 tum från varandra. Platta ut varje degboll något med handflatan.
f) Grädda i 10-12 minuter eller tills kanterna är gyllenbruna. Låt kakorna svalna helt.
g) Ta en skopa lime- eller vaniljglass och lägg den mellan två kakor.
h) Ställ glassmackorna i frysen i minst 1 timme för att stelna innan servering.

62. Kryddig kolglasssmörgåsar

INGREDIENSER:

- 1 ½ dl universalmjöl
- ½ tesked bakpulver
- ¼ tesked salt
- ½ kopp osaltat smör, mjukat
- ½ kopp strösocker
- ½ kopp packat farinsocker
- 1 stort ägg
- 1 tsk vaniljextrakt
- ½ tsk cayennepeppar
- ½ kopp hackade pekannötter
- 1-pint kola eller vaniljglass

INSTRUKTIONER:

a) Värm ugnen till 190 °C och klä en plåt med bakplåtspapper.

b) I en skål, vispa ihop mjöl, bakpulver och salt.

c) I en separat bunke, grädda ihop det mjuka smöret, strösockret och farinsockret tills det är ljust och fluffigt. Tillsätt ägget och vaniljextraktet och blanda tills det är väl blandat.

d) Tillsätt gradvis de torra ingredienserna till smörblandningen och blanda tills det precis blandas. Rör ner cayennepeppar och hackade pekannötter.

e) Släpp rundade matskedar av deg på den förberedda bakplåten, håll dem cirka 2 tum från varandra. Platta ut varje degboll något med handflatan.

f) Grädda i 10-12 minuter eller tills kanterna är gyllenbruna. Låt kakorna svalna helt.

g) Ta en kula kola eller vaniljglass och lägg den mellan två kakor.

h) Ställ glassmackorna i frysen i minst 1 timme för att stelna innan servering.

63.Choklad Chipotle Glass Smörgås

INGREDIENSER:
12 chokladkakor
2 dl mexikansk chokladglass
1 tsk malen chipotlepeppar

INSTRUKTIONER:
Ta 6 chokladkakor och lägg dem upp och ner på en plåt.
Strö en nypa mald chipotlepeppar på varje kaka.
Häll mexikansk chokladglass på varje kaka.
Lägg ytterligare en chokladkaka ovanpå varje glasskula och tryck försiktigt till en smörgås.
Frys in glassmackorna i minst 2 timmar innan servering.

64. Kryddig Cinnamon Cayenne Glass Sandwich

INGREDIENSER:
12 snickerdoodle kakor
2 dl kanel cayenneglass
Mald kanel
Malen cayennepeppar

INSTRUKTIONER:
Ta 6 snickerdoodle-kakor och lägg dem upp och ner på en plåt.
Strö en nypa mald kanel och cayennepeppar på varje kaka.
Häll kanel cayenneglass på varje kaka.
Lägg ytterligare en snickerdoodle-kaka ovanpå varje glasskula och tryck försiktigt för att skapa en smörgås.
Frys in glassmackorna i minst 2 timmar innan servering.

65.Kryddig Choklad Chili Glass Smörgås

INGREDIENSER:
12 chokladkakor
2 dl choklad chili glass
1 tsk chilipulver

INSTRUKTIONER:
Ta 6 chokladkakor och lägg dem upp och ner på en plåt.
Strö en nypa chilipulver på varje kaka.
Häll choklad chili glass på varje kaka.
Lägg ytterligare en chokladkaka ovanpå varje glasskula och tryck försiktigt till en smörgås.
Frys in glassmackorna i minst 2 timmar innan servering.

66.Jordnötssmör Sriracha Glass Sandwich

INGREDIENSER:

12 jordnötssmörskakor
2 dl sriracha jordnötssmörglass
1 matsked srirachasås (valfritt)

INSTRUKTIONER:

Ta 6 jordnötssmörskakor och lägg dem upp och ner på en plåt.
Bred ut ett tunt lager srirachasås (om så önskas) på varje kaka.
Häll sriracha jordnötssmörglass på varje kaka.
Lägg en annan jordnötssmörskaka ovanpå varje glasskula och tryck försiktigt till en smörgås.
Frys in glassmackorna i minst 2 timmar innan servering.

67. Kryddig kokosnötscurryglasssmörgås

INGREDIENSER:
12 kokoskakor
2 dl kokoscurryglass
1 tsk currypulver

INSTRUKTIONER:
Ta 6 kokoskakor och lägg dem upp och ner på en plåt.
Strö en nypa curry på varje kaka.
Häll kokoscurryglass på varje kaka.
Lägg ytterligare en kokosnötskaka ovanpå varje glasskula och tryck försiktigt för att skapa en smörgås.
Frys in glassmackorna i minst 2 timmar innan servering.

68. Kryddig ingefära Gurkmeja Glass Sandwich

INGREDIENSER:
12 ingefärakakor
2 dl gurkmeja ingefära glass
1 tsk mald gurkmeja

INSTRUKTIONER:
Ta 6 ingefärakakor och lägg dem upp och ner på en plåt.
Strö en nypa mald gurkmeja på varje kaka.
Ös gurkmeja ingefära glass på varje kaka.
Lägg ytterligare en ingefärakaka ovanpå varje glasskula och tryck försiktigt till en smörgås.
Frys in glassmackorna i minst 2 timmar innan servering.

69. Kryddig ananas Jalapeno Glass Sandwich

INGREDIENSER:
12 vaniljkakor
2 koppar ananas jalapeno glass
Färska ananasbitar
Skivad jalapeno (ta bort frön för mildare krydda)

INSTRUKTIONER:
Ta 6 vaniljkakor och lägg dem upp och ner på en plåt.
Häll ananas jalapeno-glass på varje kaka.
Lägg färska ananasbitar och skivad jalapeno ovanpå glassen.
Lägg ytterligare en vaniljkaka ovanpå varje glasskula och tryck försiktigt till en smörgås.
Frys in glassmackorna i minst 2 timmar innan servering.

70.Kryddig hallonchipsglasssmörgås

INGREDIENSER:
12 chokladkakor
2 dl hallonchipsglass
Färska hallon
1/2 tsk krossade rödpepparflingor

INSTRUKTIONER:
Ta 6 chokladkakor och lägg dem upp och ner på en plåt.
Strö en nypa krossade rödpepparflingor på varje kaka.
Häll hallonchipsglass på varje kaka.
Lägg färska hallon ovanpå glassen.
Lägg ytterligare en chokladkaka ovanpå varje glasskula och tryck försiktigt till en smörgås.
Frys in glassmackorna i minst 2 timmar innan servering.

71. Kryddig körsbärschokladglasssmörgås

INGREDIENSER:
12 körsbärschokladkakor
2 dl kryddig körsbärsglass
Färska körsbär, urkärnade och halverade

INSTRUKTIONER:
Ta 6 körsbärschokladkakor och lägg dem upp och ner på en plåt.
Ös kryddig körsbärsglass på varje kaka.
Lägg färska körsbärshalvor ovanpå glassen.
Lägg en annan körsbärschokladkaka ovanpå varje glasskula och tryck försiktigt till en smörgås.
Frys in glassmackorna i minst 2 timmar innan servering.

TE-BASERADE PARAR

72.Chai Nut Glass smörgås

INGREDIENSER:
- 2 koppar soja- eller hampamjölk (helfett)
- ¾ kopp förångat rörsocker
- ¼ tesked mald kanel
- ¼ tesked mald ingefära
- 1 tsk vaniljextrakt
- 1½ dl råa cashewnötter
- 4 chai tepåsar
- 1/16 tesked guargummi

INSTRUKTIONER:
a) Blanda mjölken och sockret i en stor kastrull. På medelvärme, låt blandningen koka upp, vispa ofta.
b) När det kokar, sänk värmen till medel-låg och vispa hela tiden tills sockret är upplöst, cirka 5 minuter.
c) Ta av från värmen, tillsätt kanel, ingefära och vanilj och vispa ihop.
d) Lägg cashewnötterna och chai-tepåsarna i botten av en värmetålig skål och häll den varma mjölkblandningen över dem. Låt svalna helt. När de svalnat, krama ur tepåsarna och kassera dem.
e) Överför blandningen till en matberedare eller höghastighetsmixer och bearbeta tills den är slät, stanna för att skrapa ner sidorna efter behov.
f) Mot slutet av din bearbetning, strö i guargummit och se till att det är väl inkorporerat.
g) Häll blandningen i skålen på en 1½- eller 2-liters glassmaskin och bearbeta enligt tillverkarens instruktioner. Förvara i en lufttät behållare i frysen i minst 2 timmar innan du sätter ihop smörgåsarna.
Att göra smörgåsarna
h) Låt glassen mjukna något så den är lätt att ösa. Lägg hälften av kakorna med botten uppåt på en ren yta. Skopa en generös kula glass, cirka ⅓ kopp, på toppen av varje kaka.
i) Toppa glassen med de återstående kakorna, med kakbottnarna vidrör glassen. Tryck försiktigt ner kakorna för att jämna ut dem.
j) Slå in varje smörgås i plastfolie eller vaxat papper och ställ tillbaka till frysen i minst 30 minuter innan du äter.

73.Earl Grey Lavender Glass Smörgåsar

INGREDIENSER:
- 1 ½ dl universalmjöl
- ½ tesked bakpulver
- ¼ tesked salt
- ½ kopp osaltat smör, mjukat
- ½ kopp strösocker
- ½ kopp packat farinsocker
- 1 stort ägg
- 1 tsk vaniljextrakt
- 2 msk Earl Grey teblad
- 1 msk torkade lavendelblommor
- 1 pint Earl Grey eller vaniljglass

INSTRUKTIONER:
a) Värm ugnen till 190 °C och klä en plåt med bakplåtspapper.
b) I en skål, vispa ihop mjöl, bakpulver och salt.
c) I en separat bunke, grädda ihop det mjuka smöret, strösockret och farinsockret tills det är ljust och fluffigt. Tillsätt ägget och vaniljextraktet och blanda tills det är väl blandat.
d) Mal Earl Grey teblad och torkade lavendelblommor till ett fint pulver med en kryddkvarn eller mortel och mortelstöt. Tillsätt teet och lavendelpulvret till smörblandningen och blanda tills det är jämnt fördelat.
e) Tillsätt gradvis de torra ingredienserna till smörblandningen och blanda tills det precis blandas.
f) Släpp rundade matskedar av deg på den förberedda bakplåten, håll dem cirka 2 tum från varandra. Platta ut varje degboll något med handflatan.
g) Grädda i 10-12 minuter eller tills kanterna är gyllenbruna. Låt kakorna svalna helt.
h) Ta en skopa Earl Grey eller vaniljglass och lägg den mellan två kakor.
i) Ställ glassmackorna i frysen i minst 1 timme för att stelna innan servering.

74.Matcha grönt te glass smörgåsar

INGREDIENSER:
- 1 ½ dl universalmjöl
- 2 matskedar matcha grönt tepulver
- ½ tesked bakpulver
- ¼ tesked salt
- ½ kopp osaltat smör, mjukat
- ½ kopp strösocker
- ½ kopp packat farinsocker
- 1 stort ägg
- 1 tsk vaniljextrakt
- 1 pint matcha grönt te eller vaniljglass

INSTRUKTIONER:
a) Värm ugnen till 190 °C och klä en plåt med bakplåtspapper.

b) I en skål, vispa ihop mjöl, matcha grönt tepulver, bakpulver och salt.

c) I en separat bunke, grädda ihop det mjuka smöret, strösockret och farinsockret tills det är ljust och fluffigt. Tillsätt ägget och vaniljextraktet och blanda tills det är väl blandat.

d) Tillsätt gradvis de torra ingredienserna till smörblandningen och blanda tills det precis blandas.

e) Släpp rundade matskedar av deg på den förberedda bakplåten, håll dem cirka 2 tum från varandra. Platta ut varje degboll något med handflatan.

f) Grädda i 10-12 minuter eller tills kanterna stelnat. Låt kakorna svalna helt.

g) Ta en skopa matcha grönt te eller vaniljglass och lägg den mellan två kakor.

h) Ställ glassmackorna i frysen i minst 1 timme för att stelna innan servering.

75.Chai Spice Ice Cream Smörgåsar

INGREDIENSER:
- 1 ½ dl universalmjöl
- ½ tesked bakpulver
- ¼ tesked salt
- 1 msk chai teblad
- 1 tsk mald kanel
- ½ tesked mald ingefära
- ¼ tesked mald kardemumma
- ¼ tesked mald kryddnejlika
- ½ kopp osaltat smör, mjukat
- ½ kopp strösocker
- ½ kopp packat farinsocker
- 1 stort ägg
- 1 tsk vaniljextrakt
- 1-pint chai krydda eller vaniljglass

INSTRUKTIONER:

a) Värm ugnen till 190 °C och klä en plåt med bakplåtspapper.

b) I en skål, vispa ihop mjöl, bakpulver, salt, chai teblad, mald kanel, mald ingefära, mald kardemumma och mald kryddnejlika.

c) I en separat bunke, grädda ihop det mjuka smöret, strösockret och farinsockret tills det är ljust och fluffigt. Tillsätt ägget och vaniljextraktet och blanda tills det är väl blandat.

d) Tillsätt gradvis de torra ingredienserna till smörblandningen och blanda tills det precis blandas.

e) Släpp rundade matskedar av deg på den förberedda bakplåten, håll dem cirka 2 tum från varandra. Platta ut varje degboll något med handflatan.

f) Grädda i 10-12 minuter eller tills kanterna stelnat. Låt kakorna svalna helt.

g) Ta en kula chaikrydda eller vaniljglass och lägg den mellan två kakor.

h) Ställ glassmackorna i frysen i minst 1 timme för att stelna innan servering.

76.Citron ingefära glass smörgåsar

INGREDIENSER:
- 1 ½ dl universalmjöl
- ½ tesked bakpulver
- ¼ tesked salt
- Skal av 1 citron
- 1 msk riven färsk ingefära
- ½ kopp osaltat smör, mjukat
- ½ kopp strösocker
- ½ kopp packat farinsocker
- 1 stort ägg
- 1 tsk vaniljextrakt
- 1-pints citron- eller ingefärsglass

INSTRUKTIONER:
a) Värm ugnen till 190 °C och klä en plåt med bakplåtspapper.
b) I en skål, vispa ihop mjöl, bakpulver, salt, citronskal och riven färsk ingefära.
c) I en separat bunke, grädda ihop det mjuka smöret, strösockret och farinsockret tills det är ljust och fluffigt. Tillsätt ägget och vaniljextraktet och blanda tills det är väl blandat.
d) Tillsätt gradvis de torra ingredienserna till smörblandningen och blanda tills det precis blandas.
e) Släpp rundade matskedar av deg på den förberedda bakplåten, håll dem cirka 2 tum från varandra. Platta ut varje degboll något med handflatan.
f) Grädda i 10-12 minuter eller tills kanterna stelnat. Låt kakorna svalna helt.
g) Ta en kula citron- eller ingefärsglass och lägg den mellan två kakor.
h) Ställ glassmackorna i frysen i minst 1 timme för att stelna innan servering.

77.Jasmin Grönt Te Glass Smörgåsar

INGREDIENSER:
- 1 ½ dl universalmjöl
- ½ tesked bakpulver
- ¼ tesked salt
- 2 matskedar grönt teblad av jasmin
- ½ kopp osaltat smör, mjukat
- ½ kopp strösocker
- ½ kopp packat farinsocker
- 1 stort ägg
- 1 tsk vaniljextrakt
- 1-pint grönt te av jasmin eller vaniljglass

INSTRUKTIONER:
a) Värm ugnen till 190 °C och klä en plåt med bakplåtspapper.
b) I en skål, vispa ihop mjöl, bakpulver, salt och grönt teblad av jasmin.
c) I en separat bunke, grädda ihop det mjuka smöret, strösockret och farinsockret tills det är ljust och fluffigt. Tillsätt ägget och vaniljextraktet och blanda tills det är väl blandat.
d) Tillsätt gradvis de torra ingredienserna till smörblandningen och blanda tills det precis blandas.
e) Släpp rundade matskedar av deg på den förberedda bakplåten, håll dem cirka 2 tum från varandra. Platta ut varje degboll något med handflatan.
f) Grädda i 10-12 minuter eller tills kanterna stelnat. Låt kakorna svalna helt.
g) Ta en skopa grönt jasminte eller vaniljglass och lägg det mellan två kakor.
h) Ställ glassmackorna i frysen i minst 1 timme för att stelna innan servering.

KAFFEBASERADE PARAR

78.Coffee Zing smörgåsar

INGREDIENSER:
- 2 koppar oblekt universalmjöl
- 1 tsk bakpulver
- ¼ tesked salt
- 1 kopp mjölkfritt margarin, i rumstemperatur
- ½ kopp packat farinsocker
- ½ kopp avdunstat rörsocker
- 2 tsk snabbkaffe
- 2 matskedar varm mjölkfri mjölk
- 1½ tsk vaniljextrakt

INSTRUKTIONER:
a) Värm ugnen till 350°F. Klä två bakplåtar med bakplåtspapper.
b) I en liten skål, kombinera mjöl, bakpulver och salt. I en stor skål, blanda ihop margarin, farinsocker och rörsocker.
c) Lös snabbkaffet i den varma mjölken och tillsätt margarinblandningen tillsammans med vaniljen. Tillsätt de torra ingredienserna till det våta i omgångar tills det är slätt.
d) Använd en kakdoppare eller matsked, släpp överhopade matskedar av deg på de förberedda bakplåtarna med cirka 2 tums mellanrum.
e) Grädda i 8 till 10 minuter, eller tills kanterna är något gyllene. Ta ut ur ugnen och låt svalna på pannan i 5 minuter, ta sedan ut för att svalna på galler. Låt kakorna svalna helt.
f) Förvara i en lufttät behållare.

79.Mocka Mandelglass Smörgåsar

INGREDIENSER:
- 1 ½ dl universalmjöl
- ¼ kopp osötat kakaopulver
- ½ tesked bakpulver
- ¼ tesked salt
- ½ kopp osaltat smör, mjukat
- ½ kopp strösocker
- ½ kopp packat farinsocker
- 1 stort ägg
- 1 tsk vaniljextrakt
- 1 msk snabbkaffegranulat
- ½ kopp hackad mandel
- 1-pint mocka- eller chokladglass

INSTRUKTIONER:
a) Värm ugnen till 190 °C och klä en plåt med bakplåtspapper.
b) I en skål, vispa ihop mjöl, kakaopulver, bakpulver och salt.
c) I en separat bunke, grädda ihop det mjuka smöret, strösockret och farinsockret tills det är ljust och fluffigt. Tillsätt ägget och vaniljextraktet och blanda tills det är väl blandat.
d) Lös upp snabbkaffegranulerna i 1 msk varmt vatten. Tillsätt kaffeblandningen till smörblandningen och blanda tills den är jämn.
e) Tillsätt gradvis de torra ingredienserna till smörblandningen och blanda tills det precis blandas. Rör ner den hackade mandeln.
f) Släpp rundade matskedar av deg på den förberedda bakplåten, håll dem cirka 2 tum från varandra. Platta ut varje degboll något med handflatan.
g) Grädda i 10-12 minuter eller tills kanterna stelnat. Låt kakorna svalna helt.
h) Ta en kula mocka- eller chokladglass och lägg den mellan två kakor.
i) Ställ glassmackorna i frysen i minst 1 timme för att stelna innan servering.

80.Caramel Macchiato Glass Smörgåsar

INGREDIENSER:
- 1 ½ dl universalmjöl
- ½ tesked bakpulver
- ¼ tesked salt
- ½ kopp osaltat smör, mjukat
- ½ kopp strösocker
- ½ kopp packat farinsocker
- 1 stort ägg
- 1 tsk vaniljextrakt
- 2 matskedar snabbkaffegranulat
- ½ kopp kolasås
- 1-pint kaffe eller kolglass

INSTRUKTIONER:
a) Värm ugnen till 190 °C och klä en plåt med bakplåtspapper.
b) I en skål, vispa ihop mjöl, bakpulver och salt.
c) I en separat bunke, grädda ihop det mjuka smöret, strösockret och farinsockret tills det är ljust och fluffigt. Tillsätt ägget och vaniljextraktet och blanda tills det är väl blandat.
d) Lös upp snabbkaffegranulatet i 2 matskedar varmt vatten. Tillsätt kaffeblandningen till smörblandningen och blanda tills den är jämn.
e) Tillsätt gradvis de torra ingredienserna till smörblandningen och blanda tills det precis blandas.
f) Släpp rundade matskedar av deg på den förberedda bakplåten, håll dem cirka 2 tum från varandra. Platta ut varje degboll något med handflatan.
g) Grädda i 10-12 minuter eller tills kanterna stelnat. Låt kakorna svalna helt.
h) Ta en kula kaffe eller kolaglass och ringla kolasås ovanpå. Lägg den mellan två kakor.
i) Ställ glassmackorna i frysen i minst 1 timme för att stelna innan servering.

81. Hasselnöt Affogato Glass Smörgåsar

INGREDIENSER:

- 1 ½ dl universalmjöl
- ½ tesked bakpulver
- ¼ tesked salt
- ½ kopp osaltat smör, mjukat
- ½ kopp strösocker
- ½ kopp packat farinsocker
- 1 stort ägg
- 1 tsk vaniljextrakt
- ½ dl hackade hasselnötter
- 1 pint hasselnöts- eller vaniljglass
- 1 kopp varmbryggd espresso eller starkt kaffe

INSTRUKTIONER:

a) Värm ugnen till 190 °C och klä en plåt med bakplåtspapper.
b) I en skål, vispa ihop mjöl, bakpulver och salt.
c) I en separat bunke, grädda ihop det mjuka smöret, strösockret och farinsockret tills det är ljust och fluffigt. Tillsätt ägget och vaniljextraktet och blanda tills det är väl blandat.
d) Tillsätt gradvis de torra ingredienserna till smörblandningen och blanda tills det precis blandas. Rör ner de hackade hasselnötterna.
e) Släpp rundade matskedar av deg på den förberedda bakplåten, håll dem cirka 2 tum från varandra. Platta ut varje degboll något med handflatan.
f) Grädda i 10-12 minuter eller tills kanterna stelnat. Låt kakorna svalna helt.
g) Ta en skopa hasselnöts- eller vaniljglass och lägg den mellan två kakor.
h) Häll varmbryggd espresso eller starkt kaffe över glassmackan precis innan servering för att skapa en affogato -effekt.
i) Ställ glassmackorna i frysen i minst 1 timme för att stelna innan servering.

82. Espresso Brownie och kaffeglasssmörgås

INGREDIENSER:
- 12 rutor espresso brownie
- 2 koppar kaffeglass

INSTRUKTIONER:
a) Ta 6 espressobrownierutor och lägg dem upp och ner på en plåt.
b) Lägg en kula kaffeglass på varje brownieruta.
c) Lägg en annan espressobrownieruta ovanpå varje glasskula och tryck försiktigt för att skapa en smörgås.
d) Frys in glassmackorna i minst 2 timmar innan servering.

83. Kaffekaka och Mocha Mandel Fudge Glass Sandwich

INGREDIENSER:
- 12 kaffekakaskivor
- 2 dl mockamandelfudgeglass

INSTRUKTIONER:
a) Ta 6 kaffekakaskivor och lägg dem upp och ner på en plåt.
b) Lägg en kula mockamandelfudgeglass på varje tårtskiva.
c) Lägg ytterligare en skiva kaffekaka ovanpå varje glasskula och tryck försiktigt för att skapa en smörgås.
d) Frys in glassmackorna i minst 2 timmar innan servering.

TÅKTBASERADE PARAR

84.Tårtsmet Sojaglass smörgås

INGREDIENSER:
- ¾ kopp förångat rörsocker
- 2 tsk pilrotsstärkelse
- 2-½ koppar soja- eller hampamjölk (helfett)
- 1¼ tsk smörextrakt (tro det eller ej , det är veganskt!)
- 1 tsk vaniljextrakt
- ¼ tesked lönnextrakt

INSTRUKTIONER:
a) I en stor kastrull, kombinera sockret och pilrotsstärkelsen och vispa tills stärkelsen är inkorporerad i sockret.
b) Häll i mjölken, vispa så att den blandas. På medelvärme, låt blandningen koka upp, vispa ofta.
c) När det kokar, sänk värmen till medel-låg och vispa hela tiden tills blandningen tjocknar och täcker baksidan av en sked, cirka 5 minuter. Ta av från värmen, tillsätt smör, vanilj och lönnextrakt och vispa ihop.
d) Överför blandningen till en värmetålig skål och låt den svalna helt.
e) Häll blandningen i skålen på en 1½- eller 2-liters glassmaskin och bearbeta enligt tillverkarens instruktioner.
f) Förvara i en lufttät behållare i frysen i minst en timme innan du sätter ihop smörgåsarna.

ATT GÖRA SMÖRGORNA
g) Bred ut resterande strössel på en liten tallrik. Låt glassen mjukna något så den är lätt att ösa. Lägg hälften av kakorna med botten uppåt på en ren yta. Skopa en generös kula glass, cirka ⅓ kopp, på toppen av varje kaka.
h) Toppa glassen med de återstående kakorna, med kakbottnarna vidrör glassen. Tryck försiktigt ner kakorna för att jämna ut dem.
i) Rulla kanterna på glassmackor i strösseln, täck sidorna av glassen. Slå in varje smörgås i plastfolie eller vaxat papper och ställ tillbaka till frysen i minst 30 minuter innan du äter.

85.Red Velvet Cheesecake Ice Cream Smörgåsar

INGREDIENSER:
- 1 låda röd sammet kakmix
- ½ kopp osaltat smör, smält
- 2 stora ägg
- 1-pint cream cheese glass

INSTRUKTIONER:
a) Värm ugnen till 350°F (175°C) och klä en ugnsform med bakplåtspapper.
b) I en blandningsskål, kombinera röd sammetstårta, smält smör och ägg tills de är väl kombinerade.
c) Fördela smeten jämnt i den förberedda ugnsformen och grädda i 15-20 minuter eller tills en tandpetare som sticks in i mitten kommer ut ren. Låt kakan svalna helt.
d) Skär kakan i rutor eller rektanglar, beroende på önskad storlek på dina glassmackor.
e) Ta en kula färskostglass och lägg den mellan två kakbitar.
f) Ställ glassmackorna i frysen i minst 1 timme för att stelna innan servering.

86.Choklad jordnötssmör Cup Glass smörgåsar

INGREDIENSER:
- 1 ask chokladkakamix
- ½ kopp osaltat smör, smält
- 2 stora ägg
- 1-pint jordnötssmör kopp glass

INSTRUKTIONER:
a) Värm ugnen till 350°F (175°C) och klä en ugnsform med bakplåtspapper.
b) Kombinera chokladkakablandningen, smält smör och ägg i en mixerskål tills den är väl kombinerad.
c) Fördela smeten jämnt i den förberedda ugnsformen och grädda i 15-20 minuter eller tills en tandpetare som sticks in i mitten kommer ut ren. Låt kakan svalna helt.
d) Skär kakan i rutor eller rektanglar, beroende på önskad storlek på dina glassmackor.
e) Ta en kula jordnötssmörglass och lägg den mellan två kakbitar.
f) Ställ glassmackorna i frysen i minst 1 timme för att stelna innan servering.

87.Citron Hallon Pound Cake Glass Smörgåsar

INGREDIENSER:
- 1 köpt eller hemmagjord pundkaka
- 1-pint citronsorbet eller hallonsorbet
- Färska hallon (valfritt)

INSTRUKTIONER:
a) Skär kakan i tunna skivor.
b) Ta en skopa citronsorbet eller hallonsorbet och bred ut den på en skiva pundstårta.
c) Toppa den med en annan skiva pundkaka för att skapa en smörgås.
d) Valfritt: Garnera smörgåsens kanter med färska hallon.
e) Upprepa processen för att göra ytterligare glassmackor.
f) Ställ glassmackorna i frysen i minst 1 timme för att stelna innan servering.

88.Morotskaka Gräddost Glass Smörgåsar

INGREDIENSER:
- 1 butiksköpt eller hemgjord morotskaka
- 1-pint cream cheese glass
- Hackade valnötter (valfritt)

INSTRUKTIONER:

a) Skiva morotskakan i tunna skivor.

b) Ta en kula färskostglass och bred ut den på en skiva morotskaka.

c) Toppa den med ytterligare en skiva morotskaka för att skapa en smörgås.

d) Valfritt: Rulla kanterna på smörgåsen i hackade valnötter för extra crunch.

e) Upprepa processen för att göra ytterligare glassmackor.

f) Ställ glassmackorna i frysen i minst 1 timme för att stelna innan servering

89.Banana Split Glass Smörgåsar

INGREDIENSER:
- 1 ask gul kakmix
- ½ kopp osaltat smör, smält
- 2 stora ägg
- 1-pint bananglass
- Chokladsås
- Hackade jordgubbar
- Hackad ananas
- Hackade nötter (valfritt)
- Vispgrädde

INSTRUKTIONER:
a) Värm ugnen till 350°F (175°C) och klä en ugnsform med bakplåtspapper.
b) Kombinera den gula kakmixen, smält smör och ägg i en mixerskål tills den är väl kombinerad.
c) Fördela smeten jämnt i den förberedda ugnsformen och grädda i 15-20 minuter eller tills en tandpetare som sticks in i mitten kommer ut ren. Låt kakan svalna helt.
d) Skär kakan i rutor eller rektanglar, beroende på önskad storlek på dina glassmackor.
e) Ta en kula bananglass och bred ut den på ena tårtbiten.
f) Ringla chokladsås över glassen, tillsätt sedan hackade jordgubbar, ananas och nötter om så önskas.
g) Toppa med en annan tårtbit för att skapa en smörgås.
h) Upprepa processen för att göra ytterligare glassmackor.
i) Ställ glassmackorna i frysen i minst 1 timme för att stelna innan servering.
j) Servera med en klick vispgrädde på toppen och ytterligare pålägg om så önskas.

90. Chokladkaka och kakor och gräddglassmörgås

INGREDIENSER:
- 12 skivor chokladkaka
- 2 dl kakor och gräddglass

INSTRUKTIONER:
a) Ta 6 chokladkakaskivor och lägg dem upp och ner på en plåt.
b) Lägg en skopa kakor och gräddglass på varje tårtskiva.
c) Lägg ytterligare en skiva chokladkaka ovanpå varje glasskula och tryck försiktigt till en smörgås.
d) Frys in glassmackorna i minst 2 timmar innan servering.

91. Vanilj sockerkaka och Strawberry Cheesecake Glass Smörgås

INGREDIENSER:
- 12 skivor vanilj sockerkaka
- 2 dl jordgubbscheesecake-glass

INSTRUKTIONER:
a) Ta 6 vaniljsockerkakeskivor och lägg dem upp och ner på en plåt.
b) Lägg en kula jordgubbscheesecakeglass på varje tårtskiva.
c) Lägg ytterligare en skiva vaniljkaka ovanpå varje glasskula och tryck försiktigt för att skapa en smörgås.
d) Frys in glassmackorna i minst 2 timmar innan servering.

92. Morotskaka och smörgås med kanelglass

INGREDIENSER:
- 12 skivor morotskaka
- 2 dl kanelglass

INSTRUKTIONER:
a) Ta 6 morotskakaskivor och lägg dem upp och ner på en plåt.
b) Lägg en kula kanelglass på varje tårtskiva.
c) Lägg ytterligare en skiva morotskaka ovanpå varje glasskula och tryck försiktigt till en smörgås.
d) Frys in glassmackorna i minst 2 timmar innan servering.

BROWNIE-BASERADE PARNINGAR

93.Saltad kola Brownie Glass Smörgåsar

INGREDIENSER:
- 1 ask browniemix
- ½ kopp osaltat smör, smält
- 2 stora ägg
- 1-pint saltad kola glass

INSTRUKTIONER:
a) Värm ugnen till 350°F (175°C) och klä en ugnsform med bakplåtspapper.
b) Kombinera browniemixen, smält smör och ägg i en mixerskål tills de är väl kombinerade.
c) Fördela smeten jämnt i den förberedda ugnsformen och grädda i 20-25 minuter eller tills en tandpetare som sticks in i mitten kommer ut med några fuktiga smulor. Låt brownien svalna helt.
d) Skär brownien i rutor eller rektanglar, beroende på önskad storlek på dina glassmackor.
e) Ta en kula saltad kolaglass och lägg den mellan två browniebitar.
f) Ställ glassmackorna i frysen i minst 1 timme för att stelna innan servering.

94. Kakor och grädde Brownie Glass Smörgåsar

INGREDIENSER:
- 1 ask browniemix
- ½ kopp osaltat smör, smält
- 2 stora ägg
- 1-pint kakor och gräddglass

INSTRUKTIONER:

a) Värm ugnen till 350°F (175°C) och klä en ugnsform med bakplåtspapper.

b) Kombinera browniemixen, smält smör och ägg i en mixerskål tills de är väl kombinerade.

c) Fördela smeten jämnt i den förberedda ugnsformen och grädda i 20-25 minuter eller tills en tandpetare som sticks in i mitten kommer ut med några fuktiga smulor. Låt brownien svalna helt.

d) Skär brownien i rutor eller rektanglar, beroende på önskad storlek på dina glassmackor.

e) Ta en skopa kakor och gräddglass och lägg den mellan två browniebitar.

f) Ställ glassmackorna i frysen i minst 1 timme för att stelna innan servering.

95. Hallon Fudge Brownie Glass Smörgåsar

INGREDIENSER:
- 1 ask browniemix
- ½ kopp osaltat smör, smält
- 2 stora ägg
- 1-pints hallonfudgeglass

INSTRUKTIONER:
a) Värm ugnen till 350°F (175°C) och klä en ugnsform med bakplåtspapper.
b) Kombinera browniemixen, smält smör och ägg i en mixerskål tills de är väl kombinerade.
c) Fördela smeten jämnt i den förberedda ugnsformen och grädda i 20-25 minuter eller tills en tandpetare som sticks in i mitten kommer ut med några fuktiga smulor. Låt brownien svalna helt.
d) Skär brownien i rutor eller rektanglar, beroende på önskad storlek på dina glassmackor.
e) Ta en kula hallonfudgeglass och lägg den mellan två browniebitar.
f) Ställ glassmackorna i frysen i minst 1 timme för att stelna innan servering.

96. Mint Brownie och Chip Ice Cream Sandwich

INGREDIENSER:
- 12 mynta choklad brownie rutor
- 2 dl mintchokladglass

INSTRUKTIONER:
a) Ta 6 mintchokladbrownierutor och lägg dem upp och ner på en plåt.
b) Lägg en kula mintchokladglass på varje brownieruta.
c) Lägg en annan mintchokladbrownieruta ovanpå varje glasskula och tryck försiktigt för att skapa en smörgås.
d) Frys in glassmackorna i minst 2 timmar innan servering.

97.Jordnötssmör Swirl Brownie Glass Smörgås

INGREDIENSER:
- 12 brownie-rutor med jordnötssmör
- 2 dl jordnötssmörglass
- 1/4 kopp hackade jordnötter (valfritt)

INSTRUKTIONER:
a) Ta 6 stycken jordnötssmörsvirvelbrownierutor och lägg dem upp och ner på en plåt.
b) Lägg en kula jordnötssmörglass på varje brownieruta.
c) Strö hackade jordnötter (om så önskas) ovanpå glassen.
d) Placera en annan jordnötssmörsvirvelbrownieruta ovanpå varje glasskula och tryck försiktigt för att skapa en smörgås.
e) Frys in glassmackorna i minst 2 timmar innan servering.

98. Raspberry Fudge Brownie och Swirl Ice Cream Sandwich

INGREDIENSER:
- 12 rutor för brownies med hallonfudge
- 2 dl hallonvirvelglass
- Färska hallon (valfritt)

INSTRUKTIONER:
a) Ta 6 hallonfudge-brownierutor och lägg dem upp och ner på en plåt.
b) Lägg en kula hallonvirvelglass på varje brownieruta.
c) Lägg färska hallon ovanpå glassen (om så önskas).
d) Lägg en annan hallonfudge-brownieruta ovanpå varje glasskula och tryck försiktigt till en smörgås.
e) Frys in glassmackorna i minst 2 timmar innan servering.

99. S'mores Brownie och Marshmallow Ice Cream Sandwich

INGREDIENSER:
- 12 s'mores brownie rutor
- 2 dl marshmallowglass
- Krossade grahams kex

INSTRUKTIONER:
a) Ta 6 s'mores brownie rutor och lägg dem upp och ner på en plåt.
b) Lägg en kula marshmallowglass på varje brownieruta.
c) Strö krossade grahamsbröd ovanpå glassen.
d) Lägg en annan s'mores brownie-ruta ovanpå varje glasskula och tryck försiktigt för att skapa en smörgås.
e) Frys in glassmackorna i minst 2 timmar innan servering.

100.Red Velvet Brownie och Cream Cheese Ice Cream Sandwich

INGREDIENSER:
- 12 bruna rutor i röd sammet
- 2 dl färskostglass
- Röd sammetssmulor (valfritt)

INSTRUKTIONER:
a) Ta 6 röda sammetsbrownierutor och lägg dem upp och ner på en plåt.
b) Lägg en kula cream cheese glass på varje brownie ruta.
c) Strö röd sammetssmulor (om så önskas) ovanpå glassen.
d) Placera en annan röd sammetsbrownieruta ovanpå varje glasskula och tryck försiktigt för att skapa en smörgås.
e) Frys in glassmackorna i minst 2 timmar innan servering.

SLUTSATS

När vi avslutar vår resa genom "FYLLNING: SMÖRGÅS KOCK", hoppas vi att du har blivit inspirerad att utforska den läckra världen av fyllda smörgåskakor och släppa loss din kreativitet i köket. Oavsett om du är en erfaren bagare eller nybörjare i smörgåskakors värld så finns det något för alla att njuta av på dessa sidor.

När du fortsätter att experimentera med olika smaker, fyllningar och dekorationer, kan varje sats smörgåskakor du bakar ge dig glädje och tillfredsställelse. Oavsett om du delar dem med nära och kära, ger dem i present eller bara njuter av dem med ett glas mjölk, må de söta lagren av godhet i varje kaka förgylla din dag och skapa bestående minnen.

Tack för att du följde med oss på denna smakrika resa genom en värld av fyllda smörgåskakor. Må ditt kök fyllas med doften av nybakade kakor, ditt bord med läckerheter av söta godsaker och ditt hjärta med glädjen att baka. Tills vi ses igen, glad bakning och god aptit!

www.ingramcontent.com/pod-product-compliance
Lightning Source LLC
Chambersburg PA
CBHW071902110526
44591CB00011B/1512